倾注多年心血,持续探索实践,敬请各位行业同仁雅正!

系统性数字化

建筑企业数字化转型的破局之道

袁正刚 杨懿梅 著

图书在版编目（CIP）数据

系统性数字化：建筑企业数字化转型的破局之道 / 袁正刚，杨懿梅著 . —北京：机械工业出版社，2023.8（2023.11 重印）

ISBN 978-7-111-73311-9

Ⅰ. ①系… Ⅱ. ①袁… ②杨… Ⅲ. ①建筑企业 – 工业企业管理 – 数字化 – 研究 Ⅳ. ① F407.96-39

中国国家版本馆 CIP 数据核字（2023）第 104877 号

机械工业出版社（北京市百万庄大街 22 号　邮政编码 100037）
策划编辑：华　蕾　　　　　　责任编辑：华　蕾
责任校对：丁梦卓　陈　越　　责任印制：单爱军
北京联兴盛业印刷股份有限公司印刷
2023 年 11 月第 1 版第 2 次印刷
170mm×240mm・15.5 印张・1 插页・197 千字
标准书号：ISBN 978-7-111-73311-9
定价：89.00 元

电话服务　　　　　　　　网络服务
客服电话：010-88361066　机　工　官　网：www.cmpbook.com
　　　　　010-88379833　机　工　官　博：weibo.com/cmp1952
　　　　　010-68326294　金　书　网：www.golden-book.com
封底无防伪标均为盗版　机工教育服务网：www.cmpedu.com

| 作者序 |

相伴探索，携手共创

建筑企业难，众所周知。

尤其是近十年来，一方面，行业增速明显放缓，利润水平持续下滑，市场竞争日趋激烈甚至惨烈；另一方面，企业要面对上游原材料涨价、用工荒和用工难、下游品质要求日益提高等诸多挑战，传统的粗放式发展模式已不可持续，不少建筑企业举步维艰。

企业的难，落到每个人身上，是真实的苦。对于广大建筑人，不仅工作环境差、工作强度高，而且常常陷入救火扯皮的困境，工作压力大，身心消耗大。然而，虽然如此辛苦，结果却往往不尽如人意，效率低、效益差。

对建筑人的苦，我深有感触。我的父母是建筑单位的双职工。妈妈做预算，每天跟"三大件"（图纸、定额、计算器）死磕；爸爸做工程，每天跑工地，一到"抢竣工"，就很长时间见不到他。他们俩经常加班，有时出差，一走就是一两个月。作为父母，建筑人很少有时间陪孩子，他们对孩子最深的爱大都凝结成了一句话："好好读书，长大后千万别干我们这行。"真是太苦了！

建筑企业数字化转型难，有目共睹。

谈到数字化转型，建筑人曾自嘲说，建筑与农业——人类另一最古老的传统行业，常年并驾齐驱，轮流占据着倒数第一第二的位置。然而，近几年，随着智慧农业的飞速发展，比如全过程、全智能的楼房养猪，建筑行业已日渐形单影只。

建筑行业数字化程度低，不是因为建筑人不想，而是因为的确太难。从建筑行业整体发展水平看，建筑行业的工业化尚未完成，手工作业、现场作业仍然占比较高；建筑行业的管理方式还很粗放，从作业要求的标准化程度到作业过程的规范化程度，再到作业结果的精益化程度，还都比较低。

建筑企业数字化转型的难，落到每位领导者身上，是真切的痛苦。行业吸引力逐年下降，既懂建筑行业，又懂经营管理，还懂数字技术的复合型人才，可谓凤毛麟角；企业利润水平持续下滑，能做到赢利已然相当不易，还要从牙缝里省出钱来做数字化转型，实在捉襟见肘。

相比缺人、缺钱，建筑企业更缺的是"认知"。关于究竟什么是数字化，什么是数字化转型，数字化转型能创造什么价值，数字化转型的过程有什么特点，经常是新词频出，貌似门派众多，但究竟该听谁的，该怎么做，的确存在很多困惑。这些年，建筑企业也走过不少弯路，踩过不少坑。

对建筑企业领导者的痛苦，本书另一位作者袁正刚深有体会。

2003 年，袁正刚结束加拿大蒙特利尔大学计算机专业的博士后研究回国，加入了当时规模还很小的广联达，带领团队开始了对建筑行业专业软件的探索。在钻研数字技术、深耕建筑行业数字化的 20 年里，袁博士与很多建筑项目的领导者和企业领导者做过深度的交流探讨，发现他们真的是太不容易了：一方面，社会对数字化的认知还没有夯实，但他们又肩负着推动企业数字化转型的重大责任，挑战的确很大；另一方面，市场上充斥着各种门派的数字化转型之道，误区的确很多，也缺少站在决策者的角度提出的建议。这些困难、这些痛苦、这些困惑，与袁博士推动广联达自身数字化转型的心路历程颇为相似，袁博士对此心有戚戚焉。

建筑企业数字化转型，该如何破局？

跨界的碰撞，往往有出人意料的火花。

数字化转型并非建筑企业面临的独特难题，如何更好地借助数字技术为企业创造价值，是全球每位企业领导者在数字时代的共同课题。二十多年前，我在麦肯锡开始了战略咨询的生涯；最近十年，作为企业家顾问，我服务过不同行业的企业家和创业领导者，还在帮助客户进行数字化转型的过程中，持续深入地研究了数字原生企业的管理体系和传统企业数字化转型的探索历程，与拉姆·查兰一起撰写了《贝佐斯的数字帝国：亚马逊如何实现指数级增长》，翻译了《重构竞争优势：决胜数字时代的六大法则》等书。

这些我对数字化的深入研究，以及帮助客户数字化转型的实战经验，与袁正刚深耕建筑行业的深厚积淀，以及作为企业领导者推动自身企业及建筑行业数字化转型的真切体验，融合在一起，激发了彼此"**探究本质、聚焦于因**"的深度思考。

- 建筑行业的本质是什么？建筑企业为什么这么难？建筑企业究竟有哪些极为独特的业务难点、管理痛点？
- 数字化的本质是什么？数字化系统有什么超能力？数字化系统的超能力，能不能帮助建筑企业破解其极为独特且传统方式难以解决的业务难点、管理痛点？
- 建筑企业数字化转型的战略意图是什么？要想充分借助数字化系统的超能力赋能业务，支撑管理，提升掌控力和拓展力，实现高质量发展，建筑企业领导者需要做好哪几件事，聚焦哪些关键决策，把握哪些关键点？

经过许多次"不同视角"的激烈讨论、许多次"还不是本质"的自我否定、许多次"还得再深挖"的持续探索，**"系统性"**这个关键词逐渐清晰起来，就像茫茫黑暗中的微光，指明了破局的方向。

这些思考、讨论和持续探索，经过一步步的沉淀、打磨，便成了你手中的这本《**系统性数字化：建筑企业数字化转型的破局之道**》。全书共有三个部分。

第一部分：建筑企业的经营管理，为什么这么难？

这部分共三章，着重探讨了建筑行业的基本特点，建筑企业的业务难点、管理痛点和表象背后的本质——点线面体，兼具高度的系统复杂性和系统不透明性的"黑盒子"体质，是**系统性难题**。

深入探究建筑企业的业务难点、管理痛点及其本质的目的，不是为建筑企业数字化水平低找借口，而是为其数字化转型找突破口，因为业务上的难点和管理上的痛点恰恰是创新的起点，是数字化创造价值的原点。

第二部分：建筑企业的数字化转型，为什么弯路这么多？

这部分共两章，着重探讨了建筑企业对数字化的核心诉求点——破解"黑盒子"，构建"数立方"，充分借助数字化的**系统性能力**，从点线面体各个维度实现系统性的透明可见、高效运转及持续进化，并以此为参照，系统性地梳理和复盘了这些年来我们在数字化转型方面走过的弯路、踩过的坑。

初期的曲折，是人类认知新生事物的必经过程。梳理和复盘的目的，不是追责过去，而是制胜未来。通过深入探究九大典型弯路背后的深层原因，提升我们对数字化及数字化转型的集体认知，为日后探索建筑企业数字化转型的破局之道做好铺垫、夯实基础。

第三部分：建筑企业的数字化转型，究竟该如何破局？

这部分共三章，占全书篇幅近六成，着重探讨了建筑企业数字化转型的破局之道——**系统性数字化**。

系统性难题，需要系统性解法。建筑企业应秉承系统性数字化的指导思想，做好三件事，推动系统性数字化转型：①认知升级，建立系统性数字化思维；②业务升级，驾驭数字化生产力；③组织升级，构建数字化生产关系。只有这样，才能真正破解"黑盒子"，构建"数立方"，提升掌控力和拓展力，增强发展韧性，实现高质量发展，打造出透明、高效、持续进化的"**数字化建筑企业**"。

数字化之于建筑企业还是新生事物，还需要历经实践、认识、再实践、再认识的过程。这部分以较大的篇幅，系统梳理了多家行业同仁的**数字化转型实战案例**，希望这些源于一线的勇敢探索与鲜活实践，能对你有启发、有帮助。

希望这本书能成为你数字化转型路上的向导与旅伴。希望它能使你对数字化转型更有信心、更有耐心，帮你秉承系统性数字化的核心理念，抓住两个本质（建筑行业的本质、数字化的本质），参考三步走的模式（业务数字化—管理数字化—能力数字化），做好三件事（认知升级、业务升级、组织升级），系统性引领数字化转型，打造数字化建筑企业，并在转型过程的千锤百炼中，实现自我升级，成为这个时代最需要的，能带领企业制胜未来、实现高质量发展的，助力数字中国建设的**"数字化领导者"**。

更希望这本书能陪伴中国建筑人不断探索，见证中国建筑行业数字化转型的持续发展，不断发掘最佳实践，持续提炼实践背后的指导思想与实用方法，与你一起更新迭代，与建筑行业共同成长。

每本书的构思、撰写及出版，都是集体智慧与共同努力的成果。

我们（袁正刚和杨懿梅）特别感谢建筑行业的全体同仁，尤其是数字化转型的探索者和践行者。正是大家的持续耕耘和深度实践，才让建筑行业不断发展进化；正是大家对数字化的深入应用和积极反馈，才让我们建筑行业在数字化根基单薄的情况下，脚踏实地，越走越快，越走越好。

特别感谢在本书构思及撰写过程中，给予过我们无私帮助的各位同仁：吴佐民、赖建燕、于晓明、汪少山、卢旭东、王鹏翊、郭建锋、吉雅图、杨玮、布宁辉、范为英、陈苏花、黄锰钢、陈鲁遥、张凯、胡兴华、谢洪栋、李伟、陆建伟、黄思源、王立伟、钟传根、郭俊国、李鹏、涂瑞、张俊及李洪艳等。你们的探索与创造，你们的思考与反馈，让我们受益良多。

特别感谢机械工业出版社的各位伙伴让这本书有机会以极高的质量、极快的速度与广大读者见面。

没有大家，就没有这本书。

此外，我还要特别感谢广联达的创始人刁志中先生。感谢他把《贝佐斯的数字帝国：亚马逊如何实现指数级增长》选为广联达全员共学的图书，让我有机会与广联达结缘，有机会当面感谢它帮助许许多多像我妈妈一样的预算员甩掉了计算器，有机会参与到建筑行业数字化转型的伟大事业之中，致力于让每一个建筑项目都成功，让每一位像我爸爸一样的建筑人都有成就。

特别感谢本书另一位作者袁正刚先生。感谢他的信任与邀请，让我有机会与他共同探索建筑企业数字化转型的破局之道；感谢他长达二十年的钻研与深耕，一步步从岗位层数字化走向项目层数字化，再到企业层数字化的探索与实践，让我们有机会把握住"系统性"这一关键破局点。

特别感谢我的父母，感谢他们在工作与生活的各种艰难中，坚定不移地让我好好读书，让我有机会借这本书，为他们为之奋斗了一辈子的建筑行业，尽一点微薄的力量。

也许冥冥之中，真的一切自有安排。

****

数字化，不是时代的挑战，而是时代给予我们这一代建筑人的历史机遇。

　　数字化转型，不仅是大势所趋，更是时代赋予我们这一代建筑人的历史使命。

　　人生能有几回搏！愿你我牢记使命，把握机遇，相伴探索，携手共创，一起制胜未来。

杨懿梅
2023 年 4 月 29 日

| 目　　录 |

作者序 | 相伴探索，携手共创

第一部分　建筑企业的经营管理，为什么这么难

第一章　建筑行业的基本特点 / 3
当之无愧的支柱型行业　/ 3
目前的发展水平比较滞后　/ 5
行业整体亟待转型升级　/ 9

第二章　建筑企业的业务难点 / 13
高度的系统复杂性　/ 13
高度的系统不透明性　/ 21

第三章　建筑企业的管理痛点 / 27
岗位层：缺乏系统性的精细管理，六项缺失方差大　/ 28

项目层：缺乏系统性的前瞻优化，四个滞后消耗大　/ 32

企业层：缺乏系统性的全局掌控，四大脱节压力大　/ 37

第二部分　建筑企业的数字化转型，为什么弯路这么多

第四章　建筑企业对数字化的核心诉求点　/ 47

数字化是什么，数字化系统有什么超能力　/ 47

点亮"黑盒子"，做到系统性的透明可见　/ 50

管好"黑盒子"，做到系统性的高效运转　/ 53

激活"黑盒子"，做到系统性的持续进化　/ 55

第五章　建筑企业数字化转型的九大典型弯路　/ 58

数字化的基础是什么　/ 59

数字化的价值如何体现　/ 62

数字化转型的过程有什么特点　/ 67

第三部分　建筑企业的数字化转型，究竟该如何破局

第六章　认知升级，建立系统性数字化思维　/ 77

数字化的本质是什么　/ 77

数字化转型的本质是什么　/ 81

数字化转型为什么应该是，也只能是一把手工程　/ 85

数字化该怎么学，如何推动组织认知升级　/ 88

建筑企业数字化转型实战案例系列

广联达：如何系统性地升级组织的数字化认知　/ 88

第七章　业务升级，驾驭数字化生产力　/ 110

看清阶段，面对现实　/ 111

制定战略，明确目标　/ 121

规划路径，把握节奏　/ 136

找准切入点，建立信心　/ 145

建筑企业数字化转型实战案例系列

上海宝冶：如何实现核心数据的互联互通　/ 115

绿城中国：如何实现数字化转型的战略聚焦与升级　/ 128

陕西建工：如何选择切入点，如何升级数字化转型战略　/ 146

第八章　组织升级，构建数字化生产关系　/ 164

企业与员工的关系：从管控到系统性赋能　/ 165

企业与客户的关系：从同质化到差异化领先　/ 182

企业与上下游的关系：从零和博弈到合作式共赢　/ 199

建筑企业数字化转型实战案例系列

联投置业：如何借助数字化平台，为项目管理提质提效、减压减负　/ 170

瑞森新建筑：如何凭借数字化精益建造创下"三个世界第一"　/ 193

全书小结　抓住两个本质，引领系统性数字化转型

第一部分

建筑企业的经营管理，为什么这么难

这部分共三章，着重探讨了建筑行业的基本特点，建筑企业的业务难点、管理痛点和表象背后的本质——点线面体，兼具高度的系统复杂性和系统不透明性的"**黑盒子**"体质，是系统性难题。

深入探究建筑企业的业务难点、管理痛点及其本质的目的，不是为建筑企业数字化水平低找借口，而是为其数字化转型找突破口，因为业务上的难点和管理上的痛点恰恰是创新的起点，是数字化创造价值的原点。

| 第一章 |

建筑行业的基本特点

建筑行业是人类最古老的传统行业之一。历经数千年，发展至今，建筑行业仍然是事关国计民生、事关历史传承的支柱型行业。然而，建筑行业目前发展滞后，传统模式难以为继，整个行业亟待转型升级。

当之无愧的支柱型行业

行业规模大

从全球经济来看，建筑行业占据着举足轻重的地位，在全球 GDP 中占比 6%；其中，在发达国家经济体中约占 GDP 的 5%（美国 4.1%，欧盟 4.9%，日本 5.7%），在发展中经济体约占 GDP 的 8%。[1]

建筑行业在中国也同样重要。2021 年全国 GDP 总额为 114.4 万亿

---

[1] 数据来源：世界经济论坛，美国商务部经济分析局，欧盟统计局，日本内阁府。

元，从增加值的角度看，建筑行业在 GDP 中的贡献为 8.01 万亿元，在全国 GDP 中占比 7.01%；从总产值的角度看，建筑行业带动的产业上下游总产值高达 29.3 万亿元。万众瞩目的房地产行业只是建筑行业全产业链中的一部分。[1]

从业人员多

全球建筑行业的从业人员数以亿计，建筑行业是社会就业的重点行业。在美国，建筑行业从业人员约有 760 万人；在欧盟 28 国，约有 1500 万人；即便在老龄化严重的日本，也有约 500 万人从事建筑业。[2]

在中国，截至 2022 年年底，全国有建筑企业 14.36 万家，从业人员总数为 5184 万人，占全国就业总人口的 7.07%，建筑行业属于典型的劳动密集型行业。[3]

社会责任重

建筑承载着人们的工作与生活。现代社会中，人类活动 80%～90% 的时间都是在大大小小的建筑物中度过的。从家到公司，从通勤到娱乐，从疫情防控的客观需要到各类宅经济的悄然兴起，人们户外活动的时间越来越少，宅在建筑物中的时间越来越长。建筑物作为社会属性极强的特殊产品，其设计的好坏、质量的高低、寿命的长短以及性能的优劣，对社会整体的影响越来越大。一旦出现事故，就很可能是危及人民生命和财产安全的大事。

---

1 数据来源：国家统计局。
2 数据来源：美国劳工部，欧盟统计局，日本总务省统计局。
3 数据来源：国家统计局。

建筑还承载着人类的历史与文明。回溯人类发展的历程，正是遍及全球的古建筑遗迹，让我们看到了人类文明的起源，感受到了数千年前古人的生活日常与皇家气派；正是各个国家各个时期的标志性建筑，让我们看到了人类进步的足迹，领略到了千百年来人类的持续探索与不懈追求。比如，埃及的金字塔（距今 4000 多年）、希腊的雅典卫城（距今 2500 多年）、中国的万里长城（距今 2500 多年）、古罗马的大斗兽场（距今 1900 多年）；再比如，法国的埃菲尔铁塔（1889 年建成，高 312 米[1]）、美国的帝国大厦（1931 年建成，高 381 米[2]）、中国的广州新电视塔（2009 年建成，高 600 米，昵称"小蛮腰"）、迪拜的哈利法塔（2010 年建成，高 828 米）。

目前的发展水平比较滞后

与其重要性形成鲜明对比的是，身处数字时代的建筑行业，发展水平还比较滞后。

工业化尚未完成，存在的问题多

千百年来，建筑行业的基本作业模式基本没有改变，生产方式还较初级，以现场砌筑、现浇施工为主，手工作业、现场作业仍占很高比例。管理方式还很粗放，从作业要求的标准化程度到作业过程的规范化程度，再到作业结果的精益化程度，都相当低。

正因如此，建筑行业还处于"作业强度大、作业环境差、安全事

---

[1] 埃菲尔铁塔在建成时，高度为 312 米，之后多次安装天线，目前总高度为 330 米。
[2] 帝国大厦建成时，高度为 381 米，于 1951 年增添高达 62 米的天线，目前总高度为 443 米。

故多、能源消耗大、管理较粗放、工程质量有待提升"的初级阶段。比如，2022 年上半年全国生产安全事故共 1.1 万起，死亡 8870 人，其中建筑行业有 1222 起，占比 11%，死亡 1303 人，占比 15%[1]；比如，2020 年全国建筑与建造能耗总量为 22.7 亿吨标准煤，占全国能源消耗总量的 45.5%，在既有的所有建筑中，高能耗建筑占比远远过半[2]；再比如，从全球范围看，建筑行业近 20% 的项目用时超工期，高达 80% 的项目成本超投资预算。

数字化刚刚起步，发展水平低

几年前谈起各个传统行业数字化转型的发展进程，业内人士曾自嘲说，建筑与农业——人类另一最古老的传统行业，常年并驾齐驱，轮流占据着倒数第一第二的位置。然而，近几年智慧农业飞速发展（比如出现了全过程、全智能的楼房养猪），建筑行业已日渐形单影只。

根据全球多家知名咨询公司的数字化调研，在各行各业中，建筑行业的数字化水平排名的确相当靠后。比如，在德勤咨询的数字化成熟度调研中，建筑行业位居倒数第一；在波士顿咨询的数字化贡献度调研中，建筑行业位居倒数第二，仅领先于全球各国各地政府主导的公共服务行业。聚焦我国，相比我国政府的数字政务、数字服务，尤其是经过疫情加速的数字政府建设，我国建筑行业的数字化水平恐怕还是倒数第一。

仅以数据本身的留存与使用为例。众所周知，在数字时代，数据已成为与劳动力、资本、土地、技术并列的第五大生产要素，是新时代

---

1 数据来源：中华人民共和国应急管理部。
2 数据来源：中国建筑节能协会。

的"石油"和"黄金"。然而，建筑行业在数据的留存及使用方面还相当落后。"中国建造 2035 战略研究"项目的牵头人丁烈云院士曾一针见血地指出："虽然中国建筑行业产生的数据量极大，但真正存储下来的数据仅为北美的 7%。而且，这些少数存储下来的工程数据，大多以散乱的文件形式散落在档案柜和硬盘中，真正的工程数据利用率不到 0.4%。"

利润水平相当低，行业竞争力堪忧

全球建筑行业的平均利润率很低，中国建筑行业的平均利润率更低，从 2016 年开始更是连续六年下降，2021 年已跌破 3%，为 2.9%；2022 年，仅为 2.68%[1]。在产业全链条中，尤其以施工环节的效益最为惨淡，即便是领军央企的施工业务，利润率也仅为 1.5% ~ 3.5%[2]。

建筑行业不仅利润水平低，而且经营风险高、可控性差，各种突发情况时有发生。有些是因为外部的不可控因素，比如因雾霾天气影响的临时停工；但更多的是源于内部的本可以避免的作业及管理问题，比如因为经验不足、安全意识薄弱，在超常的酷暑天气，深坑内部毒气浓度骤升时，仍然按之前的作业方式，无检测、无防护地进入深坑造成的人员伤亡；再比如因为对整个楼盘中的某几栋楼的某个关键环节管理不到位，到年终结算时才发现整个项目价值数亿的业务无法确认收入，严重影响财报业绩等。

如此低且可控性差的利润水平使建筑企业长期无力进行投资，无论是在科技方面，还是在人才方面，都心有余而力不足。长期来看，势必会影响行业的整体吸引力和竞争力。

---

[1] 数据来源：《2021 年建筑业发展统计分析》《2022 年建筑业发展统计分析》。
[2] 数据来源：建筑行业央企 2022 年财报。

在人才方面，利润水平低，薪资待遇就差，再加上作业环境差、强度大，建筑行业的人才吸引力越来越低。从 2019 年开始，行业从业人员总量持续负增长，行业劳动力短缺，出现了"招工难""用工荒"的现象。尤其是近几年，甚至连像施工总承包特一级央企这样的行业领军企业，也都面临着人才困境。

不仅人才总数下降，人才结构及年龄结构也令人担忧。从人才结构看，专业技术及管理人才占比仅为 9%，远低于全国各行业 18% 的平均水平[1]；从年龄结构看，老龄化趋势逐年加剧，建筑行业从业人员的平均年龄已超过 45 岁[2]。2007～2017 年的十年间，从业人员平均年龄长了 10 岁，说明年轻人已不愿入行。尤其在施工一线——建筑行业中作业环境最差、作业强度最大、安全风险最高、收入相对较低的环节，行业用工的中坚力量竟然不少是年龄超过 50 岁的农民工。

在科技方面，全球建筑行业的投入水平都比较低。这就是为什么长期来看，建筑行业的劳动生产率增长远远落后于制造业和整体经济的发展水平，严重影响行业的竞争力。根据麦肯锡分析，1994～2014 年间，制造业劳动生产率的年复合增长率为 3.6%，整体经济的年复合增长率为 2.7%，建筑行业仅为 1%。这意味着，即便制造业与建筑行业当年的起点一样，但 20 年积累下来，差距巨大[3]。

在数字化转型方面的投入，建筑行业也显得力不从心。根据安永的全球调研，只有不到 2% 的建筑企业在数字化转型方面的投入超过收入的 5%，超过三分之二的企业的投入不足 1%。据业界专家估计，大部分中国建筑企业的投入不足千分之一。

---

1 数据来源：中国人事科学研究院。
2 数据来源：行业专家访谈。
3 $(1+3.6\%)^{20}=2.03$，$(1+1\%)^{20}=1.22$，$1.22 \div 2.03 = 60\%$。

行业整体亟待转型升级

改革开放四十多年来，中国建筑行业经历了史无前例的高速发展。行业总产值在 1988 年突破千亿大关，达到 1132 亿元；1998 年突破万亿大关，达到 1.0062 万亿元；2011 年突破十万亿大关，达到 11.6 万亿元。这样几乎是 10 年 10 倍的超高速增长，持续了 20 多年。2021 年行业总产值达到 29.3 万亿元，是 2011 年的 2.5 倍。[1]

在这个过程中，国内还出现了一大批有国际竞争力的行业头部企业。比如，在美国《工程新闻记录》（Engineering News-Record）杂志公布的 2021 年度全球最大的 250 家国际承包商中，有 78 家中国建筑企业入选。其中，中建、中铁、中铁建 2021 年的整体收入规模已破万亿元。

然而，最近这几年，各种挑战纷至沓来，中国建筑行业的日子渐渐变得"不好过了"。

从市场增长的角度看，中国建筑行业已悄然告别了高增长时代，增速连续 10 年放缓。2010 年行业增速为 24%，2011 年为 21%；之后的 2012～2013 年，行业增速降低到 15% 多；此后的 2014～2020 年，行业增速一直在 10% 以下徘徊，其中，2019 年和 2020 年的增速则分别 6.1% 和 6.2%。[2]

从建筑行业最重要的先行指标看，国家固定资产投资的总体增速也在持续回落，从 2016 年开始增速跌破 10%，2020 年、2021 年的增速甚至不到 5%，分别为 2.9% 和 4.9%。以占建筑行业总产值 70% 的

---

1 数据来源：国家统计局。
2 数据来源：国家统计局。

房建市场为例，竣工面积自 2014 年达到 42 亿平方米的峰值后，一直徘徊在 40 亿平方米上下，总体趋势已呈现负增长。[1]

从企业竞争的角度看，高增长时代的结束，意味着同质化竞争必将异常激烈。过去大家战略趋同、模式类似、能力差距不大，还能靠市场赢红利，靠增长冲业绩，靠规模累效益。一旦市场增速放缓，甚至某些细分领域还出现了负增长，同质化竞争激烈度必将加剧，传统发展模式必然难以为继。

建筑企业要想突破重围，摆脱低水平的同质化竞争，要想制胜未来，满足数字时代人民与国家对建筑行业的更高要求，就必须转型升级，构建新的核心竞争力。建筑企业未来的竞争，与其说是与对手的竞争，不如说是与自己的竞争，与既有业务模式和组织惯性的竞争。

从行业发展的角度看，人民对美好生活的热切向往，国家对"双碳"目标的庄严承诺、对建设"数字中国"及实现"高质量发展"的坚定决心，都对建筑行业提出了更高的要求。

过去的建筑物体量比较小，结构功能比较单一。在供给不足的卖方时代，消费者要求相对较低，毕竟有房总比没房好。放眼未来，人们不仅需要有房，而且要有健康、舒适、高效、与自然和谐共生的个性化生活空间。建筑物的体量将越来越大，结构功能将越来越多元，新型智能化设备和设施将越来越普及，对建筑安全及质量的要求也必将越来越高。像苹果新总部大楼那样施工精度达毫米级的品质典范（玻璃幕墙误差控制在 0.88 毫米以内[2]，极大地降低了能耗），必将在未来成为建筑行业的质量标准。

---

1 数据来源：国家统计局。
2 数据来源：苹果新总部大楼施工总包方专家访谈。

"双碳"目标指的是，我国力争在 2030 年前实现碳达峰，在 2060 年前实现碳中和。这是中国向世界表达的中国积极引领应对气候变化的决心，这是中国对世界的大国担当。作为社会总能耗中当仁不让的大户（占比 45.5%），作为三大节能重点行业（建筑、工业和交通）之首，建筑行业必须反躬自省，切实为国家分忧，为"双碳"目标的达成做出应有的贡献。

党的十九大报告明确指出，要大力改造、提升传统行业，建设"数字中国"；党的二十大报告再次强调，要加快发展数字经济，推动经济高质量发展。对此，建筑行业更是责无旁贷。宏观上的数字中国，拆解到中观，就是数字城市，落实到微观，就是数字建筑。《"十四五"建筑业发展规划》也提出了明确的要求，"十四五"期间，我国要初步形成建筑行业"高质量发展"体系框架，加速建筑行业由大向强转变。

以建筑行业目前在"作业环境、质量安全、工期成本、能源消耗、精细化管理"等方面存在的诸多问题，"工业化尚未完成，数字化刚刚起步"的发展阶段，对照国家和人民对建筑行业更高的期许，其中的差距不言自明。

借助数字化转型，建筑行业的升级潜力可以是巨大的。

比如，英国政府在对建筑行业 2025 年的策略和要求中，提出了具体的提升要求：成本降低 1/3，进度加快 50%，二氧化碳排放减少 50%。[1] 再比如，美国政府在基础设施重建战略规划中提出，2025 年降低基础设施全生命周期成本 50%，2030 年达到 100% 的碳中和设计。[2]

这些国家为建筑行业制定的中长期发展目标，也进一步印证了中国建筑行业借助数字化实现转型升级的必要性。

---

1 数据来源：《英国建造 2025》（Construction 2025）。
2 数据来源：《美国基础设施重建战略规划》（2017）。

本章小结

数字化是不可逆转的大势所趋,是推动建筑行业转型升级的有力武器。

具体到建筑企业的数字化转型,我们**绝不能为数字化而数字化**,技术必须与业务深度融合,必须有力支撑管理决策,才能真正为企业创造价值。

那么,建筑企业究竟有哪些业务难点和管理痛点呢?我们下一章见。

| 第二章 |

建筑企业的业务难点

企业经营是由两类活动构成的，一是业务活动，二是管理活动。唯有深刻理解企业的业务难点及管理痛点，才能真正把握企业数字化转型的核心诉求点。本章聚焦建筑企业的业务活动，深入剖析业务难点，下一章聚焦管理活动，深入探究管理痛点。

要想深刻地理解建筑行业，就要洞穿纷繁复杂的表象，直指业务经营的实质，直指经营的最小单元。**建筑企业的"最小经营单元"，是建筑项目**；建筑企业的核心盈利来源，是建筑项目；建筑行业链条上的每个环节，从策划、设计、施工到建成后的运维，都是以建筑项目为核心展开的。

抓住了建筑项目，就抓住了深刻理解建筑行业的"牛鼻子"。

高度的系统复杂性

建筑项目的业务活动由两部分组成：一是作业对象，即建筑实体；

二是作业过程，即建设过程。逐一拆解，你会强烈地感受到**"高度的系统复杂性"**扑面而来。这恰恰是建筑行业业务难点的根源所在。

读到这里，你也许会立刻想到四个问题：什么是"复"？什么是"杂"？什么是"系统"？什么是"复杂系统"？让我们逐一解答。

中国汉字博大精深，复与杂的意思是不同的。

什么是"复"？ 即重复，指的是同样的事物的多次重复。

什么是"杂"？ 即繁杂，指的是不同种类。

所谓复杂，就是杂与复组合在一起，指的是不同事物的多次重复。

什么是"系统"？ 这个词其实是个外来词，从英文 system 而来。

根据中国著名学者钱学森给出的定义，系统是"相互作用、相互依赖的若干组成部分结合而成的具有特定功能的有机整体，而且这个有机整体又是它从属的更大系统的组成部分"。

把握系统，要看三个部分：一是要素，即系统的各个组成部分；二是关系，即系统的各个组成部分之间的相互关系和相互作用；三是准则，即系统为了实现特定功能或达成特定目标，所需遵循的一系列规则。

从这个角度看，建筑实体是系统，建设过程是系统，每家建筑企业也都是系统。

什么是"复杂系统"？ 所谓复杂系统，应具备以下**四大特征**：

- 构成要素复杂：要素数量大、种类多，且不同类别的要素专业性强、差异性大。

- 相互作用复杂：要素间的相互关系非常多维，且彼此间的相关性强，往往是牵一发而动全身。
- 目标权衡复杂：系统目标多元，且彼此间有一定的制约关系，往往很难找到唯一的绝对最优解。
- 动态调整复杂：因受到某个要素变化的影响而进行的单点优化或局部优化，往往未必是系统性的全局优化。

逐一对照复杂系统的四大特征，你会发现，建筑项目业务活动的两大构成部分，即建筑实体和建设过程，无一例外都是复杂系统。

建筑实体是不是复杂系统

建筑行业的产品就是建筑实体，这是建筑项目的作业对象。

构成要素复杂。与制造业不同，建筑行业的产品体量巨大，占地面积动辄几万、几十万甚至上百万平方米，所涉及的各种建材物料种类繁多、数量巨大，而且不同类别的建材物料专业性很强、差异性很大，既有结构材料，比如钢筋、混凝土、钢结构预制件，也有机电设备，比如电梯、空调以及其他各种功能性专业设备。在总体建造成本中，物资物料的成本占比高达 50% ~ 70%，是绝对的大头。

相互作用复杂。建筑实体的每个部分都是有机整体的一部分，每个功能都需要建筑整体的系统承载。比如，近年来，建筑项目呈现出大型化、多样化的发展趋势，综合性、大体量的建筑物不断涌现，特别是用地面积数万平方米、建筑面积数十万平方米，集 5A 甲级写字楼、五星级大酒店、酒店式公寓以及大型商业娱乐中心于一体的商业综合体项目，在各地拔地而起。

这类建筑项目的突出难点之一就是，对实现各个功能来说至关重要的机电系统极为复杂，各类管线分布密集，不仅数量庞大，而且走向错综复杂，空间排布必须非常紧凑，同时还要为后期运维留下必要的操作空间。在外行看来最不起眼的地下室，其实复杂度最高，稍有不慎就有可能造成日后的"水漫金山"、停电短路甚至重大的消防事故。的确是牵一发而动全身。

目标权衡复杂。关于建筑实体，不仅要综合考虑其功能的实用性、空间的舒适性、设计的艺术性，还需要考虑其建设过程的可行性、建成后运维的节能性以及投资方的整体收益性。目标的确相当多元，且彼此间有强烈的制约关系。想法无限，资源有限，最终只能综合考虑，权衡取舍。

动态调整复杂。建筑设计的系统性很强，通常为了应对某个环节的调整或支撑某个目标的提升，必须做全局优化。比如，要想降低建筑能耗，光在机电设备方面努力，选择更为节能环保的型号，是远远不够的，还需要大幅提升建筑整体的保温性和密闭性，这就意味对墙体、墙面、门窗等的设计、选型、工艺工法及施工精度提出了更高的要求。这就是为什么苹果新总部大楼对施工精度的要求是必须达到毫米级。

综上所述，建筑实体本身就是复杂系统。

建设过程是不是复杂系统

当然是。不仅是，而且十分复杂。

构成要素复杂。从项目周期的角度，需要经历策划、融资、设计、采购、制造、施工、交付和运维等各个过程；从生产要素的角度，会涉及人、机、料、法、环等各个要素的优化配置；从参与方的角度，还会有建设方、设计方、供应方、施工总包方、各级分包方、运营方、行业及政府监管方等各方参与其中。不仅协作链条长，参与方数量多，而且各自的专业性很强，彼此间的相关性也很强。

相互作用复杂。 以建筑项目全链条上的施工环节为例，经常会出现多个参与方在同一作业面上交叉作业的情况，以及大型机械设备与大量作业人员同场竞技的情况。任何一个单点的问题都很可能涉及多个参与方，很可能会对同一作业面的其他工作、与之相关的后续工作乃至项目全局产生影响。

目标权衡复杂。 建筑项目的目标多元，既要进度快，又要质量好，且要保证安全，还要成本低；而且，各个目标间有很强的制约关系，如质量与安全标准的提高往往意味着成本的相应提升与进度的相应放缓。想要权衡好这个矛盾综合体的多元目标的确非常复杂。

动态调整复杂。 如果把建筑实体看作某个时点的特定存在，那么建设过程就是建筑实体在整个项目建设周期内不同时点上的不同状态的叠加，时刻都处于动态变化之中。眼下一切顺利，并不意味着从此就能高枕无忧。过程中，对于某个作业环节出现问题而造成的对进度、质量、安全及成本的全局影响，光靠单点或局部优化往往很难把损失追回来，必须持续进行系统性的全局优化，才能有效解决。

高度的系统复杂性如何体现

为什么同样是复杂系统，比如精密设备、通信设备和民用客机这样的大型高精工业产品，却唯有建筑行业的业务难点显得那么突出呢？高度的系统复杂性的"高度"究竟体现在哪里呢？

要回答上述问题，我们可以对比大型高精工业产品来拆解建筑实体的建设过程。其中关键的差别主要体现在四个方面。

一是产品本身的独特性。

工业产品，通常是标准化的，一旦定型，就可以进行大规模复制、大批量生产。

然而，**每座建筑都是独特的**。建筑要体现个性化的需求，在外观、规模、功能等方面很少完全一致。即便是外观类似、规模接近、功能相仿的建筑，也会因所在地的气候、地质、周边环境及市政要求而有所不同。而且，在建设过程中，还会经常出现设计变更。有的是因为建设方提出了新需求，有的是因为起初设计就有缺陷，原因不一而足。

这意味着，每个建筑项目在设计上都不能照搬照抄之前的现成经验，都需要根据每座建筑的独特性要求进行系统设计，都需要根据突发性设计变更要求快速进行系统性的动态调整，尽可能把变更对工期、质量、安全及成本的负面影响降到最低。

二是作业环境的属地性及变化性。

工业产品不论体量大小，其生产制造通常都有固定场所，且为室内封闭环境，尽可能隔绝了外部环境持续变化带来的影响，作业环境稳定性高。

然而，正如每座建筑都是独特的，**每座建筑所在的时空位置也是独特的**。地质条件、地理位置以及施工环境和时间不同，都会给建设过程带来独特的挑战。

而且，建筑行业通常为户外作业，**受外部因素变化的影响很大**。

无论是阴雨连绵还是狂风大作，无论是高温酷暑还是严冬苦寒，无论是因防污治霾的临时停工还是重大事件的保障要求，都会直接影响工程进度。有时尽管自身项目做得非常好，但因为邻近项目或同类型项目出现了重大安全事故，也会被统一要求停工，认真整改。

总之，属地的环境因素、突发的外部变化，都会对建筑项目（尤其是工期及成本）产生重大影响。这意味着，每个建筑项目都需要实时跟踪环境变化，以便进行快速调整。

三是在作业方式上对现场作业及手工作业的依赖性。

工业产品制造在量产调试完毕后，相应的加工流程、加工设备及相应的工艺工法就会固化下来，而且机械化及自动化程度非常高，有的甚至可以做到智能制造，整个生产车间看不到一个工人。

然而，建筑行业目前的作业方式还是**以现场作业、手工作业为主**，不仅机械化、自动化的水平比较低，标准化、规范化的水平也很低。

这样的作业方式导致了在同样的作业要求下，作业结果的偏差非常大。非常有经验、非常有责任心的"老法师"几乎闭着眼睛都能干，即便施工图上没有全尺寸标注，或是有设计偏差（几厘米之内的），他们都能在现场纠正过来，妥帖做好。但在当下建筑行业普遍存在"招工难""用工荒"的形势下，这样的"老法师"正在变得越来越可遇不可求。

人是原因，事是结果。不同的人，基于其不同的能力、经验及责任心，做出来的结果往往是不同的。这意味着，对每个建筑项目，都需要及时验收每个环节的作业结果，确保按时按质按量完成；一旦发现问题，就要实时纠偏；如果造成重大影响，还得快速进行系统性的动态调整。

四是对各参与方要求极高的专业性及协同性。

工业产品制造无论是自营还是委托给第三方，从管理人员到一线作业人员，通常都是相对固定的、同属于一家企业的，一旦人员到位，基本很快就能达到相互熟悉、工作熟练、配合默契的状态。企业之间产业链分工明确，而且标准化程度很高，协同效率也很高。

然而，建筑行业是项目制的，正如每座建筑都是独特的，每个建筑项目也都是独特的。不同的建筑项目**通常会涉及不同的建设方、设计方、供应方、施工总包方、各级分包方、运营方。**

即便是有长期战略合作关系的参与方（比如，万达在商业综合体建设方面明确了四家全国性的施工总包战略合作方），具体参与项目的各级管理人员及一线作业人员也都是根据项目需要临时组合到一起的，因此也很可能是不同的。

而且，建筑行业的人员流动性比较大。在建筑项目进展的不同阶段，需要的工种不同，需要的人数也不同；同样的参与方、同样的工种，今天来现场的人员跟昨天来的也很可能不一样。

这意味着，在项目建设过程中，建筑项目的各个参与方都需要在做好各自专业工作的同时，边干边快速磨合，既要了解各自企业层面的制度流程、管理规范、专业要求、工作方式及文化价值观，也要了解具体管理人员及作业人员的工作经验、习惯偏好及责任心。如果赶上中途换人、换合作方，还得重新再磨合。

综上所述，相比产品标准化程度高、作业环境相对封闭且稳定性高、作业方式机械化和自动化程度高、作业人员相对固定、产业链分工明确且标准化程度高的大型高精工业产品制造，**建筑项目的系统复杂性要高得多。**

高度的系统不透明性

面对高度的系统复杂性，难度已然极大，但雪上加霜的是，建筑项目还面临着来自组织内外部的双重系统不透明性的严峻考验。

第一重不透明性体现在组织内部

组织内部的不透明性既有跨层级的纵向不透明性，也有跨职能的横向不透明性。

以渝湘高速公路项目为例，其所在地区地形险峻、地质复杂，而且工程规模大，十个标段需要同步施工，需设计桥梁 37 座、隧道 10 座，桥隧比高达 82.9%。从项目管理的角度看，很难通过传统的现场巡视的方式，每天走上几十公里山路，深入每个标段每个作业面，及时、全面地了解现场实际的进展情况。

难管又不能不管，那该怎么办呢？只能靠人工。先需要有一张大图。这类大图常见于各个项目指挥部办公室的墙上。然后，每天晚上，项目管理小伙伴开启"夜总会"（夜里总开会）模式，用各种方式联系各个标段的相关负责人，了解情况。最后，再对各标段的现场完成情况进行汇总，用不同颜色在大图上标注更新。

试想一下，如果我们自己是某标段的负责人，面对当天发生在施工现场的一些"小问题",多半也不会对项目管理小伙伴和盘托出。我们总会希望通过后面几天的努力,赶赶进度,挤挤成本,把需要调整补救的问题环节赶紧处理好。有些情况连我们自己都没注意到,自然也不会被提及。

再比如,由于建筑项目的复杂性,项目管理部通常会分为技术线、生产线、商务线,若是对质量及安全高度重视,还会将质量安全线与上述三线并列。从具体工序的角度看,工艺工法由技术线负责,质量安全由质量安全线负责,工作量及进度由生产线负责,合约及结算由商务线负责,各司其职的各条线很难做到无缝连接、及时全面地同步全部信息,这就带来了可乘之机。比如,如果商务线以完成工作量占比为依据进行结算,有的施工队就会先把容易做的做了,先把大头结了,留下难啃的硬骨头,实在啃不动就算了,毕竟容易赚的钱已经到手了。

在项目层面,这些组织内部的不透明性很多情况下并非出于恶意欺瞒,往往是因精力不够而顾不上,也可能是因经验不足而想不到。相比较而言,更严峻的考验是组织外部的不透明性。

第二重不透明性体现在组织外部

组织外部的不透明性涉及建筑项目各参与方之间的协同与博弈,恶性博弈时有发生。

从建设方的角度看,甲方也有甲方的难。与乙方博弈,甲方未必能笑到最后。

中标前,建设方的确可以很强势,可以摆出各种强势做派,比如压级压价,肢解总包,强行分包等。作为乙方的设计方、施工总包方就算不喜欢，也只能忍着，毕竟这时还没有中标。

中标后，形势就变了。建设过程中，设计方和施工总包方可以不断地通过各种变更、各种突发情况以及各种洽商（扯皮），倒逼建设方追加投资，最终可能会导致建设项目超期、超支。

究竟是不是必要的变更？过程中究竟实际发生了多少成本？有没有偷工减料，以次充好，留下质量安全隐患？不在现场的建设方单靠监理方的监督和汇报，实在鞭长莫及，无法及时全面地了解真实情况。一旦出现内外勾结，滋生腐败，问题就更加防不胜防了。

从施工总包方的角度看，在现场也有现场的难。人、机、料，没有一个是好管的，各个环节跑冒滴漏现象层出不穷。

首先看"人"。在大型建筑项目中，同时在现场的相关人员多达数百上千人，涉及工种多达数十种。

现场究竟来了多少工人？他们分属哪些参与方？每位叫什么名字？什么时候来的，什么时候走的？在现场的时候，具体在哪些作业面完成了哪些工序，完成情况怎么样？有没有如期如约付薪？对项目管理人员来说，这些都是难以及时、全面、精准掌握的信息。有时即便当时知道，事后也很快就忘了。

拖欠农民工工资的情况的确存在，但近几年，更让人闹心的是恶意讨薪的问题。由于没有严格实行实名制管理，没有做到"登记、考勤、算薪、签审、发薪"的全过程全记录，面对讨薪扯皮，即便明知有恶意的成分，明知跟工程量对不上，明知付了会导致成本超支，施工总包方多数时候也只能忍了。

再来看"机"。以塔吊为例，随着建筑体量不断提升，大型综合体建筑项目常常需要群塔作业。现场究竟需要多少台塔吊？分别放在什么位置最合理——既能做到有效覆盖，又不会出现碰撞？租用多长时间合适？如何安排进场顺序？哪些工序可以同步穿插进行？

塔吊是机械设备管理的重点，不仅因为塔吊租用的台数及时间会影响项目成本，更因为塔吊是施工安全事故高发的设备。群塔作业时，不仅场内塔吊交叉作业多，且相邻地块塔吊也同时存在着交叉作业，对施工管理的要求极高，稍有疏忽就容易出现严重的安全事故。

最后看"料"。材料方面会出现跑冒滴漏的环节就更多了。

以钢筋为例。建筑项目中钢筋用量很大，钢筋按不同标号，有直径、长度及强度等方面的差异。在进场时，对大货车运进来的钢筋，根本无法一根根数，一根根量。数量究竟够不够？规格究竟对不对？质量究竟行不行？有的无良供应商为了让自己多赚点，把标准粗细的钢筋拉细，长度看起来是达标了，但直径小了，强度低了。如果施工总包方没有发现，直接使用，就会造成日后的质量问题和安全隐患。

以混凝土为例。貌似都是一车车地进场，一车车地卸，但与供应商对账时经常会发现，供货量与工程用量差别较大。这是为什么呢？因为一车车进时，未必装满了；一车车卸时，未必卸空了。出现这种情况怎么办？又免不了各种扯皮。

材料成本在建设项目总成本中占比极高，通常为 50%～70%。人员成本的占比过去十年也持续上涨，十年前约为 15%，如今已近 30%。正是因为会出现跑冒滴漏的环节很多，所以成本管理的提升空间很大，至少可优化 10%～15%，甚至更多。

上面的例子仅是冰山一角。如前文所述，建筑项目的参与方数量多、专业性强。佛系管理、完全凭自觉，显然不现实；但要做到事无巨细、全部检查，显然也不可能。而且，有些参与方所从事的专业领域门槛很高，即便是检查了，也是隔行如隔山，未必能看出其中的弯弯绕绕。

其实，越是信息不透明，就越容易相互不信任。越是相互不信任，就越缺乏安全感，就越想设计出相互钳制的游戏规则，而这不仅不利于整体的高效协同，还有可能激发更多的恶性博弈。

本章小结

建筑企业最核心的业务难点是什么？是高度的系统复杂性和系统不透明性。

由于**高度的系统复杂性**，很难"看全"各个纷繁复杂的构成要素，很难"看清"各个要素之间千丝万缕的相互关系，很难"看准"牵一发而动全身的关键根源，也很难"看远"，即很难根据各种相互关系的后续发展，推测出对整体系统目标的可能影响，而且在面对来源多、频次高、不可控性强的突发变化时，也很难进行系统性的前瞻优化。

高度的系统不透明性，则进一步拔高了建筑企业的业务难度。归根到底，连想看的都"看不见"，后续的一切的确都无从谈起。

这样的高度的系统复杂性和不透明性，构成了建筑企业非常独特的超级"黑盒子"体质。

而且，随着建筑项目体量越来越大，建筑要求越来越高，建筑企业的"黑盒子"体质会越来越明显，系统复杂性和系统不透明性带来的问题会越来越大，管理难度也会越来越大，管理痛点也会越来越明显。

那么，建筑企业在管理上有哪些痛点呢？我们下一章见。

| 第三章 |

建筑企业的管理痛点

在这个快速变化的 VUCA 时代，所有企业都希望**用组织的确定性来抵御外部的不确定性。**

身处这个充满不确定性的时代大环境中，业务活动必然会受到各种外部因素的影响，而管理活动的核心就在于降低外部不确定性的负面影响，增强发展韧性，不断缩小方差，提升均值，**系统性地提升对当期经营的掌控力、对制胜未来的拓展力。**

目前全行业的平均利润率已降到 3% 以下，这是**均值低**；在同期并行的数百上千个项目中，除了极个别做得特别好的项目利润率能接近 10%，大部分项目仅能保持微利不亏，做得差的亏损严重，这是**方差大**。

为什么会出现这样的情况呢？根源还在"黑盒子"体质，即高度的系统复杂性和系统不透明性。下面，让我们从岗位层、项目层和企业层这三个层面，逐一拆解建筑企业的管理痛点。

岗位层：缺乏系统性的精细管理，六项缺失方差大

要想管好复杂系统，必须在每个构成要素层面做到精细管理。 每个要素层面的"看得见、看得清"是整个系统层面"看得见、看得全、看得清、看得准、看得远"的前提条件。

建筑企业这个复杂系统的最小作业单元是工序。成千上万道工序沿时间轴展开，就构成了建筑项目的全过程。

系统性的精细管理要达到什么标准

首先，需要针对每个岗位的每道工序，明确以下"六项输入"：

- 精确的设计要求：明确"做什么"。
- 详细的工艺工法：明确"怎么做"。
- 清晰的保障条件：明确"能不能做"，比如配套工序和配套工作的保障等。
- 具体的成果要求：明确"做成什么样才算好"，比如对进度、质量、安全及成本等的要求。
- 具体的验收方式：明确"做完后怎么检查"，比如明确时间、方式、指标、责任人等。
- 具体的结算支付（对外部参与方）、奖惩激励（对内部员工）和风险分担机制：明确"做得好怎么算，怎么奖；做不好怎么算，怎么罚；遇到不可控的突发变化时，怎么核算及分担损失"。

其次，基于这样精细化的岗位及工序作业要求，才能明确对相应作业人员的资质、能力及经验的具体要求。如果人员素质基本达标，并能严格按照设计要求、工艺工法作业，作业结果通常也不会与要求的相差太大。

如此一来，即便作业结果与要求有差距，也能够通过验收及时发现并及时解决；即便造成了损失，也能够按照既定的奖惩措施及时落地；即便遇到不可控的突发变化，也能够按照既定的核算及分担机制及时处理。总之能做到一旦出现问题，就能及时发现，及时解决，及时处理，不留后续扯皮的空间。

理想丰满，现实骨感。从现状看，建筑行业的管理还比较粗放，除了重点建筑项目的重点作业环节之外，普遍难以做到岗位层的系统性的精细管理，六项输入便成了"六项缺失"。

系统性的精细管理为什么难做到

一是行业没标准，实在没参照。

从目前的发展水平看，建筑行业尚未完成工业化，普遍缺乏细到岗位层的作业标准，经验传承主要靠传帮带；对作业人员也还没有细到工种的、系统性的任职要求及上岗资格和职业培训体系；全行业的作业要求的标准化程度、作业过程的规范化程度和作业结果的精益化程度都比较低。

既然没有行业标准，实在没参照，就得靠建筑企业自己细化。那仅仅靠人，无论是项目经理还是项目管理部的其他工作人员，能做到吗？难度非常大，来看后面三条原因。

二是精力不允许，实在顾不上。

建筑项目是高度复杂的，一个项目可能涉及数万乃至数十万道工序。要想深入每道工序，在规划阶段把"六项输入"逐一明确，在执行阶段把作业要求逐一落地，在检查阶段按成果要求逐一验收，及时发现问题，解决问题，并处理好相应的结算支付、奖惩激励及风险分担，且不谈能力是否支撑，光是从工作量看上，就极大超出了"人的精力允许的范围"。

不是不想，而是工作量太大，实在顾不上啊。

三是能力不支撑，实在做不到。

建筑项目涉及多个不同的领域，各自专业性强、差异性大，再加上各个参与方及具体的管理和作业人员的管理水平或业务能力参差不齐，要想对齐各方的作业规范，在每道工序上形成一致的明确要求及作业方式，对人的能力、经验及公信力的要求太高，极大地超出了"人的能力支撑的范围"。

不是不想，而是要求太高，实在做不到啊。

四是职权不够格，实在拉不通。

再考虑到建筑项目面临的双重不透明性，要想拉通全过程、全链条的所有参与方，拉通组织内外部的各层级及各条线，比如招采、合同、工程、财务等，在每道工序上补全和对齐"六项输入"，尤其是具体的成果要求、具体的验收方式，以及具体的结算支付、奖惩激励和风险分担机制，所需要做的内外部协调极为复杂，往往极大地超出了"人的职权覆盖的范围"。

不是不想，而是协调太难，实在拉不通啊。

系统性的精细管理的缺失意味着什么

第一，从工序计划看。

由于缺乏精确的设计要求、详细的工艺工法、清晰的保障条件、具体的成果要求、具体的验收方式，以及具体的结算支付、奖惩激励和风险分担机制，岗位层的工序计划本身就很可能存在瑕疵，继而导致排期难以执行、作业难以计量、成果难以验收等实际问题。

第二，从作业结果看。

由于缺乏精细的管理要求，具体工序的作业过程往往会因相应岗位作业人员的工作习惯、经验及能力不同而产生较大差异，从而极大地影响作业结果的一致性。鉴于行业普遍存在"招工难""用工荒"的情况，既有经验又有能力和责任心的"老法师"越来越稀缺，作业结果呈现出均值低、方差大的情况，就不足为奇了。

第三，从整体影响看。

在岗位层面，缺乏系统性的精细管理，意味着每个岗位的每道工序都很可能是个"小黑盒子"，很难真正做到"看得见、看得清"。

因此，一旦出现问题，很容易因为缺乏具体的成果要求和具体的验收方式而无法及时发现问题，无法及时厘清责任，无法及时明确结果偏差及相应的影响和损失。之后再发现这些遗留问题，就错过了最好的厘清责任、明确损失的时间窗口。

再加上，在岗位层面，通常也缺乏明确具体的结算支付、奖惩激励和风险分担机制，即便厘清了责任，明确了损失，也很难快速、高效地形成双方或多方都接受的分担方案。这就容易造成后续一系列的推诿、博弈和扯皮，往往会令人身心俱疲。

项目层：缺乏系统性的前瞻优化，四个滞后消耗大

要想管好复杂系统，还必须在每个构成要素之间建立有效连接，确保系统实现特定功能或达成特定目标。有效连接各个要素，做到整个系统层面的"看得见、看得全、看得清、看得准、看得远"，是提升系统整体性能的关键。

对于建筑项目这个复杂系统，有效连接各个要素、确保进度、质量、安全及成本四大方面目标达成的**项目管理核心抓手，就是计划管理**。从计划制订到跟进纠偏，再到前瞻优化，都是计划管理的重要组成部分。

高度的系统复杂性和不透明性所导致的建筑项目的与生俱来的"黑盒子"体质，使得计划管理以及与之相关的各项管理工作也都举步维艰。

计划制订

由于建筑项目高度的系统复杂性，**大型建筑项目的整体施工方案、工期规划及工程计划，本身就非常复杂。**

以施工总包方为例，在任何时点，计划制订都会涉及不同的楼层、不同的部位、多个不同的作业面，涉及几十个不同的专业领域，不同的人员、机械和材料。每个专业领域都至少有几十道工序，每道工序的顺利推进，都需要前前后后多道配套工序及多项配套工作的保障，都需要拉通内外部，界定清楚成果要求、验收方式，以及结算支付、奖惩激励和风险分担机制。

岗位层系统性的精细管理的缺失，使工序计划很可能存在瑕疵，叠加放大到项目层自然就会影响整体项目计划的科学性。

更要命的是，建筑项目还具有高度的系统不透明性，**如何拉通各参与方，推动各方有效协同，其实是更为艰巨的挑战。**

比如，各参与方提交的分支计划通常格式各不相同、质量参差不齐、管理颗粒度差距很大，不仅很难进行汇总分析，很难在具体作业面、具体岗位、具体工序的层面上拉通对齐，而且更难判断其工期计算的正确性、施工部署的合理性，更难确保对穿插施工的指导性。

毕竟隔行如隔山，由于施工总包方与各参与方之间的专业差异，如果没有各参与方的主动沟通探讨，没有施工总包方的能力经验支撑，很难发现其中是否存在优化空间，是否存在重大的疏漏、风险及隐患。

施工总包方和各参与方通常是各有各的计划，既没打通，也没对齐，相互矛盾的情况也时有发生。在工作中，也只能是各按各的节奏，各按各的标准，各自为政地向前推进。

真要做好建筑项目的计划制订，必须做到"**纵到底**"（深入到每个岗位、每道工序）和"**横到边**"（真正拉通每个参与方）。然而，由于高度的系统复杂性和系统不透明性，因精力不允许而顾不上，因能力不支撑而做不到，以及因职权不够格而拉不通，从岗位层面放大到项目层面，"黑盒子"体质仍然是无法回避的"拦路虎"。

跟进纠偏

在建筑项目推进的过程中，各个标段、各个作业面、各个参与方、各道工序是否真如计划要求的那样，保质保量、按计划工期、遵照安全规范、有条不紊地正常推进呢？

由于建筑项目的复杂性，项目管理人员很难做到全部亲力亲为，看到每个点、每条线、每个面，及时精准地掌握所有的进展情况。大部分时候，只能靠"看报告，听汇报，提问题"的方式收集汇总信息。而经过人为过滤的信息会受到不透明性的影响，在时效性、真实性、完整性和准确性上大打折扣，以致**"看不见、看不全"**，很难及时掌握各个要素的变化情况，很难及时精准地发现问题。

在每周的项目管理会上，各参与方通常是"铁路警察——各管一段"：自己都完成得很好，就算出现了问题，通常也是别人的问题，是不可控因素的问题。光是追溯根因，明确究竟是哪个环节的问题，究竟是什么原因，究竟是谁的责任，都会扯皮很久。

本来在计划制订时就没有拉通对齐，没有深究工期计算的正确性、施工部署的合理性、对穿插施工的指导性。现在出现偏差，在"看不见、看不全"的情况下，自然会出现**"看不清、看不准"**的问题，理不清相互关系，找不准问题根因，于是纠偏决策的有效性也会受到影响，往往只能是单点优化、局部优化。

等扯皮终于扯完了，相关各方开始统一行动了，又会掉进下一个"看不见、看不全"的坑，无法做到及时反馈、及时调整。

前瞻优化

如前文剖析的，建筑项目的核心业务难点之一，是如何应对各种计划外的"来源多、频次高、不可控性强的突发变化"。

比如，施工现场突发高温酷暑或雨雪大风等天气变化，当地政府出台与项目相关的政策规定（如劳务人员管理要求、治污防霾要求、消防安全及专项检查要求等），建设方及设计方变更设计，各参与方的项目负责人和一线作业人员发生重大变化等。这些变化以及具体的作业成果偏差，都会对项目整体的工期、质量、安全及成本产生影响。

有些突发变化，很可能会因为不能及时发现、及时应对、及时解决，而被拖成、捂成、发酵成大问题，造成工期延误、成本超支，甚至重大的安全事故。

既然知道这些突发变化客观存在及其可能会造成的严重危害，为什么难以做到"与之相匹配的快速响应，尤其是必要的系统性的前瞻优化"，做不到**"看得远"**呢？关键在于两个问题。

一是缺乏基础。"看不见、看不全"各个作业面、各道工序、各个要素的进展变化，发生变化或出现问题时，"看不清"彼此间的相互关系，"看不准"问题的根本原因。现状还不清楚，问题还没定位，根因还没找准，怎么做前瞻推演呢？

二是缺乏工具。建筑项目高度复杂，各项工作千头万绪，相互关系千丝万缕，如上周的工程进度及出现的问题对总体的工程计划、重要的里程碑节点有什么影响，对工期、质量、安全及成本有什么影响，后面怎么做才能把前面的工期延误和成本超支造成的损失消化掉，若全靠人脑，的确是挑战非常大，要求非常高，极度依赖个人的精力、能力、经验及责任心。能做一次系统性的前瞻优化，已然不易；要全靠人脑做到持续动态优化，几乎不可能。

四个滞后，身心消耗大

当计划管理这一建筑项目管理的核心抓手在计划制订、跟进纠偏、前瞻优化等各个关键环节都受到"黑盒子"体质的制约，尤其是面对来源多、频次高、不可控性强的突发变化，因为"看不见、看不全、看不清、看不准、看不远"而无法做到持续的系统性前瞻优化时，会出现什么情况呢？

建筑项目管理会不可避免地陷入**"四个滞后"，即发现滞后、决策滞后、行动滞后、反馈滞后**，建筑项目管理人员也会因此不可避免地陷入大量的**"救火"**之中。

比如，可能因为在计划阶段没做好统筹，也可能因为在执行过程中没对接好，有交叉作业面的相关方发生了冲突，现场火药味比较重，需要赶紧去协调处理；比如，某道工序的作业出了问题，可能会对后续的工序、进度、成本产生较大影响，需要赶紧想办法补救；再比如，到了抢竣工阶段却赶上治污防霾的临时停工，或专项检查的整改要求，更需要赶紧找途径解决。

再加上缺乏工序及相应岗位层的系统性的精细管理，对成果要求、验收方式以及结算支付、奖惩激励和风险分担机制没有明确具体的界定，项目管理必然会陷入大量的**"扯皮"**之中。

比如，在供货量与工程用量差别巨大的情况下，怎么给供应商结账？再比如，设计变更后，出现了工期延误、成本超支的情况，怎么在建设方、设计方及施工总包方之间分摊？在建筑项目的业务场景下，各个参与方也都有各自的利益诉求，出现"遇到问题，先相互推诿；落到结算，总相互扯皮"的情况，也实属情理之中。

越是忙于救火和扯皮，越是没有时间精力做好计划制订、跟进纠偏和前瞻优化；越是这样，就越容易出现问题；发现问题越慢、纠偏决策越慢、付诸行动越慢、反馈调整越慢，就越容易陷入被动，越经常地陷入救火和扯皮。

长期与"黑盒子"体质战斗，长期处于四个滞后的被动局面，长期陷于救火扯皮之中，精神必须高度紧张，时刻准备投入战斗；心智必须高度成熟，时刻准备陷入泥沼。长此以往，对人的身心消耗极大。

然而，即便如此辛苦，建筑项目的经营结果仍呈现出显著的"均值低、方差大"的情况。

建筑项目的管理痛点是非常明显的，唯有真正破解建筑项目的"黑盒子"体质，才能从根本上摆脱这样极其辛苦但又成果不佳的窘境。

企业层：缺乏系统性的全局掌控，四大脱节压力大

建筑企业的最小经营单元是项目，多个项目的集合就构成了企业业务的主体。如果说每个建筑项目都是超级"黑盒子"，那么建筑企业就是由多个"黑盒子"构成的超大量级"黑盒子"。管理起来不仅痛点明显，而且压力巨大。

最为显著的管理痛点，就是"黑盒子"体质造成的"四大脱节"，即"战略与执行脱节""业务与组织脱节""要求与能力脱节""决策与信息脱节"。

战略与执行脱节

战略制定只是万里长征的第一步，战略是否正确、是否有效、是否应当迭代调整，关键还在于执行，还需要实践的检验。

有了战略目标，有了管理要求，团队是否执行，能否执行到位，

除了需要自上而下的宣传,还有赖于各级管理人员和作业人员的理解是否到位,意识上是否重视,能力是否支撑,检查是否及时,以及奖惩是否给力等各个方面。

由于建筑企业的超级"黑盒子"体质,在各种纷繁复杂之中,**很难"看得见、看得全"**每个环节,**更难"看得清、看得准"**每个人在每件事上是否真的执行到位了。由于检查不及时、奖惩不给力,很多战略目标、管理要求、规章制度往往流于形式。发现疏漏后,又得立新的规定。

比如在有的大型地产公司中,各个部门每年制定、下发的各种规章制度就有好几百条,看都看不过来,更别说理解到位、执行到位了。

业务与组织脱节

企业领导需要对企业整体经营结果负责,对收入、利润、现金流,都必须了如指掌。然而,随着业务规模越来越大,组织分工越来越细,**"业务割裂、组织割裂"**的现象越来越明显,越来越看不清业务全貌,看不准经营全局。

这样的业务与组织脱节,既有横向的职能条线之间的割裂,也有纵向的组织层级之间的割裂。传统的信息化系统就是"业务割裂、组织割裂"最真实的体现。每个职能条线都有各自的系统、各自的数据定义,即大家常说的"**烟囱林立**";每个组织层级也都有各自的职责、各自的权限;竖切、横切、条块割据之后,就形成了一个个"**数据孤岛**"(见图 3-1)。

各条线、各层级、各系统之间没有统一的数据标准,数据只能在本系统中流转。从这个角度看,这些传统的信息化系统其实也固化了业务和组织的割裂。貌似都同在一家企业，其实彼此处于不同的世界。

图 3-1

从各个职能条线到项目，到分子公司，再到集团，大家的职责分工不同、考核指标不同，统计汇报中采用的数据指标在具体定义、口径、采集方式及校验机制上也不尽相同。这就是为什么会出现"一开会先对数，怎么对也对不清"的无奈场景。一到经营分析会，光是对数，就得对很长时间。

而且，由于目前的数据指标主要还是依靠人工填写，层层上报，在及时性、真实性、完整性及准确性方面还有较大的提升空间。经常出现的情况是：阶段汇报时，一切都好，而且一直是一切都好；最后结项决算时，才发现问题很多，亏损严重。

至于究竟哪些数据反映了业务经营的真实情况，不同数据之间的差别对项目管理和企业经营意味着什么，就得靠领导自己看了。

各种割裂之下，很容易出现管理漏洞。从动作流程上看，貌似该做的都做了，合规性没问题；但从业务实质上看，合理性怎么样就无法深究了。第二章谈到的"先把容易做的做了，先把大头结了，留下难啃的硬骨头，实在啃不动就算了"的现象，就是这种业务和组织割裂之下的必然产物。

如何拉通各个组织层级、各个职能条线，真正形成组织合力，真正看清业务全貌、把握经营全局，是建筑企业管理的一大痛点。

要求与能力脱节

从前面的分析可见，由于建筑企业的超级"黑盒子"体质，既要应对高度的系统复杂性，又要面对高度的系统不透明性，对管理人才的综合能力要求很高。不仅要有经验、能力和责任心，还要内心足够强大，沟通协调能力超群，能在长期的救火和扯皮的极大消耗中，保持身心健康。

然而，**管理人才的能力恰恰是建筑企业的软肋**。这是为什么呢？

一是培养周期压缩。

大型建筑项目对管理人才的综合要求非常高，培养出一位优秀的项目经理至少需要十年的时间。二十年前入行的大学生，不少就是经过了这样的历练才走上项目经理岗位的。

过去十年，建筑行业整体增速很快，头部建筑企业的规模增长尤其迅猛，同期推进的建筑项目数量激增，有时多达上千个，对项目经理及技术骨干的需求也相应激增，优秀的项目经理及技术骨干极其稀缺。

需求猛增，供给不足，怎么办呢？**只能缩短培养周期，"赶鸭子上架"**。刚毕业的大学生，才工作两三年，在经验、能力及人生阅历还都相当有限时，就得担起项目管理的重任。没办法，实在缺人。不仅项目经理如此，项目管理所涉及的各个岗位，包括关键技术岗位，也都如此。有的项目管理团队在组建后，蓦然发现，竟然70%的团队成员都是新员工。

二是组织沉淀不足。

建筑项目的流动性比较大,而且每个建筑项目都有各自的独特之处,因此,有些业务和管理能力是非标准化的,普适性未必特别强;有些业务和管理能力是在某个特定项目的特定情境下历练出来的,之后未必用得上。总之,并没有一套放之四海而皆准的标准操作流程,也没有与之相匹配的标准能力图谱。

再加上,很多在项目实战中走过的弯路、踩过的坑、总结的经验教训,**大多也没有在企业层面做过系统性的挖掘、总结和提炼**。经常是人一走,所有的能力经验也都跟着流失了。这种情况在中小企业中尤为明显。好不容易用几年时间培养出一个业务骨干,结果人一走,一切又得从零开始。

这意味着什么呢?这意味着,当大量非常年轻的项目经理和项目管理团队尚未经过必要的历练,尚未做好充分的准备,就必须走上管理岗位直接面对建筑项目的高度的系统复杂性和不透明性,与"黑盒子"体质战斗时,组织能给予的支持往往非常有限。

三是行业吸引力下降。

如此高的综合能力要求与如此局促的历练与准备之间巨大的落差,有时会把本来挺有潜力的年轻人压垮,不仅会严重影响经营业绩,还会直接导致人才流失,使得建筑企业的组织能力更加岌岌可危。

再加上建筑行业普遍存在的工作难度大、工作强度高和工作环境差,以及与之不相匹配的薪资待遇(毕竟行业的利润水平就摆在那里),难怪建筑行业的人才吸引力不大,并且在持续下降。

在大学的热门专业中，曾经是顶流中的顶流的建筑系，早已退出第一梯队。2022 年同济大学建筑系录取分数线大幅下降，在建筑行业引起了很大反响。土木系就不用说了，这几年网上土木系师兄师姐的各种帖子里说的"四年辗转五个城市，每天披星戴月、风吹日晒"等，难免会让正在填报高考志愿的学生和家长心有顾虑。

决策与信息脱节

对建筑企业的领导者来说，最显著的管理痛点是决策与信息脱节。

面对高度的系统复杂性和系统不透明性，在看不清业务全貌，看不准经营全局时，各层级、各职能的管理人员还有一条退路，就是向领导汇报，请领导定夺。然而，领导也**缺乏必要的系统性信息支撑**，但又必须在"看不见、看不全、看不清、看不准、看不远"的情况下，做出重大的经营决策，且要**对全局负全责**。压力之大，可想而知。

最典型的例子莫过于 OA（办公自动化）系统里的审批。通常整个审批流程走到领导这里就已经耗时不短了，留给领导的时间也不多。领导忙了一天，到了夜里，看到还有待办审批，必然会打开看看。不看不知道，一看吓一跳。这时领导心里通常会有灵魂三问浮上来："这是什么事？为什么要找我批？前面的审批人都有谁，究竟需要我重点把关什么环节？"

审批材料和各级审批意见就有好几十页，认真研读至少需要两个小时，但手边还有一堆事，还有几百条微信、钉钉、企业微信或飞书信息要回。更闹心的是，边读边发现不少地方没写清楚，比如，核心问题究竟是什么；除了报批的方案还思考过哪些方案；做了哪些分析比较，最终取舍的原则是什么；关键风险点有哪些，最需要指导和帮助的重点环节是什么等。想打电话问问吧，大半夜把大家叫起来也不合适。

一番纠结之后，发现自己已经是最后一位审批人了，拖了这么久，不批也不行。想来想去，**最终只能"盲签"**。签是签了，但最终责任全在自己，心里的纠结与忐忑也只能随它去了。

上面的例子只是冰山一角，类似的决策场景、类似的脱节问题，想必大家都有深有体会。

建筑企业的领导者不仅要对当期业务的经营结果负责、对企业未来的持续发展负责，还需要对过程中的所有工期延误、成本超支、质量问题和安全事故负全责。可谓是**责任重大**。

放眼未来，从建筑行业整体发展的角度看，过去靠规模、摊大饼，高投入、低收益的粗放式增长方式，已不可持续。这意味着，建筑企业的领导者还必须在利润水平低下、能力沉淀不足的情况下，带领企业找到破局之道。可谓是**挑战巨大**。

然而，"黑盒子"体质造成的"四大脱节"，即"战略与执行脱节""业务与组织脱节""要求与能力脱节""决策与信息脱节"，系统性地削弱了企业领导者的全局掌控力。可谓是**基础薄弱**。如此薄弱的基础，如何能支撑起如此重大的责任与应对如此巨大的挑战呢？建筑企业管理的确是痛点多且压力大。

本章小结

建筑企业最显著的管理痛点是什么？就是在岗位层，缺乏系统性的精细管理，六项缺失方差大；在项目层，缺乏系统性的前瞻优化，四个滞后消耗大；在企业层，缺乏系统性的全局掌控，四大脱节压力大。

这些管理痛点的根源在于建筑企业的超级"黑盒子"体质：很难从根本上，从点线面体的各个维度，做到系统性的"看得见、看得全、看得清、看得准、看得远"，很容易在岗位层出现**"六项缺失"**（即缺失精确的设计要求、详细的工艺工法、清晰的保障条件、具体的成果要求、具体的验收方式，以及具体的结算支付、奖惩激励和风险分担机制），在项目层陷于**"四个滞后"**（即发现滞后、决策滞后、行动滞后、反馈滞后），在企业层苦于**"四大脱节"**（即战略与执行脱节、业务与组织脱节、要求与能力脱节、决策与信息脱节），从而落入"方差大、消耗大、压力大，均值低、效率低、效益低"的恶性循环。

建筑企业急需找到能够打破恶性循环，系统性破解超级"黑盒子"的利器。

新时代给了我们新工具，数字化就是时代的馈赠。

数字化是什么，数字化系统有什么超能力，能否破解"黑盒子"？建筑企业对数字化有哪些核心诉求，在数字化转型方面又走过哪些弯路呢？我们第二部分见。

第二部分

建筑企业的数字化转型，为什么弯路这么多

这部分共两章，着重探讨了建筑企业对数字化的核心诉求点——破解"黑盒子"，构建**"数立方"**，充分借助数字化的系统性能力，从点线面体各个维度实现系统性的透明可见、高效运转及持续进化，并以此为参照，系统性地梳理和复盘了这些年来我们在数字化转型方面走过的弯路、踩过的坑。

初期的曲折，是人类认知新生事物的必经过程。梳理和复盘的目的，不是追责过去，而是制胜未来。通过深入探究九大典型弯路背后的深层原因，提升我们对数字化及数字化转型的集体认知，为日后探索建筑企业数字化转型的破局之道做好铺垫，夯实基础。

| 第四章 |

建筑企业对数字化的核心诉求点

读到这里,带着对建筑企业极为独特的业务难点及管理痛点的深切感受,想必大家心中升起的共同渴望,就是**"破解黑盒子"**。的确,建筑人苦其久矣!

新时代给了我们新工具。我们由衷地希望,数字化能帮我们点亮"黑盒子",做到系统性的透明可见;帮我们管好"黑盒子",做到系统性的高效运转;帮我们激活"黑盒子",做到系统性的持续进化。

数字化是什么,数字化系统有什么超能力

根据全球权威的 IT 研究与顾问咨询公司高德纳(Gartner)的定义,"数字化是指,通过二进制编码,对实物或活动进行描述"(Digital is the representation of physical items or activities through binary code)。

这个定义看上去平淡无奇。不就是把静态的人事物以及动态的行为活动,都用 0 或 1 来描述吗?这有什么稀奇呢?玄妙之处,正在于此。

当由原子构成的物理世界，能被由 0 或 1 构成的数字世界完全描述时，**四件很神奇的事就发生了。**

第一，事物形态发生改变。事物都可以抽象为数据，原本物理世界的千姿百态，变成了数字世界的规规整整。

第二，描述精度显著提高。原本物理世界的人事物，描述起来或多或少都会有些模糊、有些模棱两可；但在数字世界里，实物也好，活动也罢，其对应的数据都是非常明确的，0 就是 0，1 就是 1，大部分都是可以量化的。

第三，存储容量无限扩大。原本物理世界的人事物，都需要占据一定的空间；但在数字世界里，数据可以实现海量存储，空间几乎是无限的。

第四，传输速度明显加快。原本物理世界的人事物，如需从甲地到达乙地，都需要一定的时间；但在数字世界里，数据可以实现实时传输，几乎感觉不到时延。

这意味着什么呢？

相比活在物理世界的我们，数字世界里的数字化系统，有**六种超能力**。

一是超强的战斗力。数字化系统的精力、体力远超凡人，只要有网络连接和算力保障，就可以做到随时随地在线。既不会感到疲倦，也不会觉得枯燥。

二是超强的记忆力。无论事物的结果还是活动的过程，无论事情是大是小，只要曾经发生过，只要在数字世界中留下过痕迹，就永远都不会被忘记。再加上自带的描述精度和存储容量，这样精确且海量的记忆，人类的确无法企及。

三是超强的连接力。物理世界的连接往往是困难的，不仅会受制于时间、空间及物理形态的阻隔，而且会受制于各种人为的障碍。但数字世界的连接是天然的，只要数据定义及口径一致、数据接口通畅、对接逻辑清晰，就能无缝对接。毕竟都是由 0 或 1 组成的数据嘛。

四是超强的执行力。只要规则明确，数字化系统就能保证每次都不折不扣地执行命令。不仅能确保执行，而且能够第一时间发现，第一时间响应，第一时间反馈的系统性自闭环地执行。更难能可贵的是，它还特别公正不阿、铁面无私，对所有人、所有参与方都能一视同仁。从这个意义上说，也极有公信力。

五是超强的推演力。只要有数据支撑，有推演规则，数字化系统就能根据不同的未来情境，进行前瞻推演以及系统优化。再加上前面提到的超强的战斗力，做到高频应对也是轻而易举。

六是超强的进化力。只有可量化的才能被优化。精准的度量，以及因此具备的优化可能性，是数字化系统的天然优势。再加上其超强的战斗力、记忆力、执行力和推演力，数字化系统完全可以做到"无二过"，即只要持续迭代规则，不仅同样的错误绝不会再犯，而且能在工具系统所及的范围内，做到系统性的全局提升。

基于以上分析，我们会欣喜地发现：面对"黑盒子"带来的"看不见、看不全、看不清、看不准、看不远"等诸多困难，数字化系统应该可以突破"精力不允许、能力不支撑、职权不够格"等诸多障碍，根治"六项缺失、四个滞后、四大脱节"等诸多痛点、难点，数字化有一种强大的**"系统性能力"**，似乎是专门为破解超级"黑盒子"这类复杂的**"系统性难题"**而生的。

那么，数字化系统到底能不能破解"黑盒子"呢？

点亮"黑盒子",做到系统性的透明可见

破解"黑盒子"的第一步,也是最为关键的一步,就是点亮"黑盒子",做到系统性的透明可见。透明可见,是高效运转与持续进化的前提。

"透明可见"好理解,为什么要特别强调"系统性"呢?目的在于说明,这样的透明可见,不只是单个点,不只是单条线,也不只是一个面、一时一刻,而是要看见整个系统的全要素、全参与方和动态持续的全过程,实现点线面体的全透明,**点亮"黑盒子"**。

如何点亮"黑盒子"呢?不妨针对复杂系统的四大特征,将其逐一击破。

如何击破"构成要素复杂"?看得见、看得全。只要能突破数量大、种类多、专业性强、差异性大、双重不透明性的重重壁垒,构成要素再复杂也不怕。

比如,面对"人、机、料"的种种复杂情况,希望数字化系统能发挥其超强的**战斗力和记忆力**,帮我们实时看见每位作业人员的空间位置、作业情况、作业时间以及作业质量;实时掌握每台机械设备的空间位置、运转情况、相应操作人员资质及是否存在冗余或过载,针对塔吊、基坑及高支模等关键风险源,做到全方位、全天候的自动检测;实时追踪每种建筑材料的空间位置、库存水平、领用情况、搬运损耗,实时掌握是否存在监守自盗的情况,以及采买合同履约是否存在以次充好、缺斤短两、恶意欺诈等情况。

这样不仅能大大降低对项目管理人员精力的占用,而且能实时追踪各个要素的动态变化,第一时间发现潜在的问题。

如何击破"相互作用复杂"?看得清、看得准。对纷繁复杂的各

个要素——无论是某个作业单点（某道工序），某个职能条线（如技术、生产、安全、商务、财务、人力等）还是某个组织层级（如岗位层、项目层、企业层等），只要能够见微知著，从点到线，到面，再到体，找到牵一发而动全身的根源，以及逐步传递放大的路径，要素之间的相互作用再复杂也不怕。

比如，面对"每个岗位、每道工序"的种种复杂情况，希望数字化系统能发挥其超强的**连接力、执行力**，帮我们有效连接拉通各个条线、各个参与方及各个层级，补齐每个作业面上的每道工序的"六项输入"——精确的设计要求、详细的工艺工法、清晰的保障条件（完成本工序必需的配套工序及配套工作）、具体的成果要求、具体的验收方式，以及具体的结算支付、奖惩激励和风险分担机制，并在此基础上，对彼此关联性强、全局影响大的重点环节，做好提醒及预警。

这样就能有效克服项目管理人员因精力不允许而顾不上、因能力不支撑而做不到，以及因职权不够格而拉不通的情况，在岗位层做到精细管理，从源头解决问题，提升均值，缩小方差，减少后期遗留问题。

- **如何击破"目标权衡复杂"和"动态调整复杂"？看得远**。必须时刻警惕"头疼医头，脚疼医脚"，只看单个要素，只看当下情形，忽略其他相关要素，忽略各个要素间的相互作用，忽略相互作用的后续发展的通病；在面对来源多、频次高、不可控性强的突发变化时，只要能够在看得见、看得全、看得清、看得准的基础上，做到高频的系统性前瞻推演，在工期、安全、质量及成本这些貌似相悖的目标之间，找到较优解甚至最优解，目标权衡、动态调整再复杂也不怕。

比如，面对"环境变化"的种种复杂情况及可能的突发变化，希望数字化系统能发挥其超强的**推演力**，帮我们实时自动追踪施工现场的环境变化,就可能发生的风险(如高温带来的深坑毒气、大风带来的扬尘超标、大雨带来的混凝土浇筑工期延误等)进行动态预警,提出相应的防控措施,并在对可能造成的负面影响进行前瞻推演的基础上,对整体施工方案及项目计划进行系统优化,看看能否在后面把延误的工期和超支的成本追回来。

这里有两个关键词:**一是高频,二是系统性**。为什么强调高频?因为既然突发变化的不可控性强,响应速度就是关键;既然突发变化来源多、频次高,应对工作也应当同步高频。为什么强调系统性?因为对复杂系统来说,单点最优解、局部最优解往往不是全局的系统最优解。通过追溯根因和前瞻推演,通常能让这样的问题暴露出来,形成反馈,倒逼我们重新思考什么才是系统最优解。

如果数字化系统能逐一击破复杂系统的四大特征,实现"看得见、看得全、看得清、看得准、看得远",就能在点(作业单点)、线(职能条线)、面(组织层级)、体(企业整体)的维度,实现系统性的透明可见,点亮"黑盒子",构建"透明立方体"(见图4-1)。

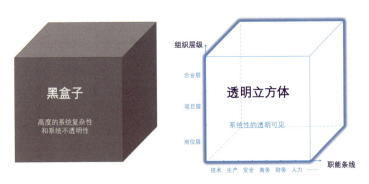

图 4-1

这只是第一步。下一步,能否让"透明立方体"高效运转起来呢?

管好"黑盒子",做到系统性的高效运转

任何管理工作,要想做好,尤其是持续做好、长期做得更好,都需要在四项基本管理动作上下足功夫,形成有效的管理闭环,加速迭代优化。建筑行业也不例外。

这四项基本管理动作就是 PDCA:

- 计划 P(Plan)是起点,是定目标、给方法、提要求。
- 执行 D(Do)是落地,是从目标到结果的落地执行过程。
- 检查 C(Check)是保障,是及时发现问题、解决问题的保障。
- 调整 A(Act)是核心,是洞察根因、及时纠偏、迭代优化的关键环节。这既是一个 PDCA 闭环的结束,也是下一个 PDCA 闭环的开始;每一次 PDCA 闭环之后都要复盘,这样才能持续迭代优化。

建筑企业极为独特的"黑盒子"体质严重影响了 PDCA 的管理闭环及持续迭代优化。无论是岗位层的六项缺失、项目层的四个滞后,还是企业层的四大脱节,都是这个根本问题的集中体现。

如果数字化在构建"透明立方体"的基础上,能帮我们依据各个组织层级(岗位层、项目层和企业层)的工作计划(P),持续追踪执行(D)的具体情况,做到实时检查(C),做到第一时间发现问题,第一时间触发决策调整(A),从而快速实现**"管理闭环"**,继而快速启动下一个 PDCA 闭环的执行与反馈,就能扭转"四个滞后""四大脱节"的被动局面,做到早发现、早决策、早行动、早反馈,做到战略与执行、业务与组织、要求与能力、决策与信息的有机连接和有力支撑,系统性地提升运转效率。

比如,建筑项目普遍存在"安全管理难"的问题,针对可直观查看

的安全隐患，希望数字化能够发挥其**"系统性能力"**，利用数字化的智能监控系统，在作业过程中进行实时检查，自动排查诸如"现场作业人员未佩戴安全帽、违规抽烟、乱扔烟头，出现明火，有未知车辆入侵"等问题，实时自动报警，直接通知当事人及相关管理人员予以解决，从而实现高效运转的 PDCA 管理闭环。

再比如，建筑项目普遍存在"劳务管理难"的问题，针对容易出现的劳资纠纷，尤其是令人十分闹心的恶意讨薪问题，希望数字化能够发挥其"系统性能力"，通过覆盖全场的数字化智能影像硬件、覆盖每位工人的数字化智能安全帽，拉通技术、生产、安全、商务、财务和人力，通过实名制的智能劳务管理系统，实现每位工人从进场到工作，到退场，再到登记、考勤、作业、验收、算薪、签审、发薪的全过程数字化，自动实现 PDCA 的管理闭环。这样一来，就能从源头上做好风险防范，让恶意讨薪问题不再发生。

要想让"透明立方体"高效运转起来，需要在**"拉通对齐"**方面下功夫。很多时候，我们都低估了在作业要求的标准化程度、作业过程的规范化及机械化程度、作业成果的精益化程度都比较低的行业现状下，协同多家参与方在多个作业面上同步开展工作的难度。

希望数字化系统能通过统一的系统工具、统一的作业标准、统一的管理颗粒度，有效拉通各参与方，进行计划制订，做到在具体作业面、具体岗位、具体工序层面上的拉通对齐，确保工期计算的正确性、施工部署的合理性和对穿插施工的指导性。

希望数字化系统能通过系统对接，打通项目管理与各职能部门，实现跨系统审批，从而极大地提升组织内部的运行效率；把项目层与企业层打通,实现全局掌控,实时监控及对比各项目在各维度的推进情况,从而快速地发现问题,解决问题,极大地提升企业层的决策效率;打通各参与方,实现各参与方在同一系统平台上工作,同步看到一样的信息,同步跟进一样的问题,从而极大地提升各参与方之间的沟通及协同效率。

每个岗位、每个层级、每个条线都有自己的 PDCA 闭环,大环套着小环;每个作业单元、每个业务单元、每个组织部门都应围绕着企业的总目标,每个参与方都应围绕着项目成功的总目标,朝着同一方向转动,彼此协同,相互促进,层层循环,持续向前,在点亮"黑盒子"的基础上,实现系统性的高效运转,构建**"透明、高效立方体"**(见图 4-2)。

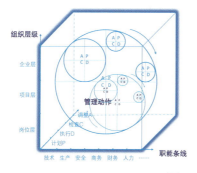

图 4-2

这只是第二步。下一步,数字化还能带来什么惊喜呢?

激活"黑盒子",做到系统性的持续进化

系统性的透明可见及高效运转,关注的是当下如何提升全局掌控,如何提升经营业绩。然而,对建筑企业的领导者来说,这还不够。因为他们不只关注当下,更要着眼未来,推动业务持续拓展。

从因果的角度看,业务的持续拓展是果,组织的持续进化才是因。

数字化如果能在透明、高效的基础上，帮我们做好经验沉淀、能力萃取、人才培养及持续迭代，就能系统性地加快组织进化的速度，更好地帮助企业提升对当期经营的掌控力和对制胜未来的拓展力。

希望数字化系统能发挥其各项超能力，尤其是进化力，做好系统性赋能，承担更多的重复性工作，降低工作强度，释放组织精力；提供更强大的经验性赋能，降低工作难度，提升组织能力；挖掘更多的最佳实践，并不断地迭代，将其转化为更好的系统工具支撑，进一步提升组织能力和效率，持续提升均值，缩小方差。

如果数字化系统真能做到这些，就能系统性地改造"黑盒子"，将其变成透明、高效、持续进化的**"数立方"**（见图 4-3）。

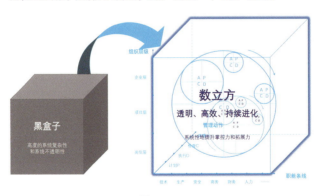

图 4-3

本章小结

建筑企业对数字化有哪些核心诉求点？就是希望充分借助数字化的**"系统性能力"**，从点线面体各个维度，点亮"黑盒子"，做到系统性的透明可见；管好"黑盒子"，做到系统性的高效运转；激活"黑盒子"，做到系统性的持续进化，提升企业对当期经营的掌控力和对制胜未来的拓展力。

毋庸置疑，每个建筑人都对数字化寄予厚望。毕竟大家苦"黑盒子"久矣，如果能将其改造成透明、高效、持续进化的"数立方"，岂不快哉？

过去几年，建筑行业已拉开了数字化转型的大幕，每家建筑企业都在或多或少，或快或慢地尝试着、探索着。我们在数字化转型探索中，曾经一起走过哪些弯路，踩过哪些坑？建筑企业的数字化转型，为什么弯路这么多？我们下一章见。

| 第五章 |

建筑企业数字化转型的九大典型弯路

数字化是时代的馈赠，是我们认知世界、改造世界的新工具，是建筑企业破解"黑盒子"、构建"数立方"的利器。

数字化转型道阻且长，很容易走着走着就忘了为什么出发。系统性地梳理和提炼建筑企业的业务难点、管理痛点及其对数字化的核心诉求点，就是为了不忘初心。

回到初心，这些年来，我们在数字化转型的探索过程中，一起走过哪些弯路，踩过哪些坑，有过哪些经验教训？这些弯路背后的深层原因究竟是什么呢？

梳理和复盘的目的，不是追责过去，而是制胜未来，为我们探索建筑企业数字化转型的破局之道做好铺垫，夯实基础。

数字化的基础是什么

弯路一：有数，就是数字化

有次跟一家在房地产行业排名前十的企业的 CTO 研讨，回顾该企业这几年数字化转型的艰辛历程，其中有一点特别值得大家借鉴，就是该企业对"究竟什么才是数字化"的思考历程。

最初该企业的最高管理层认为，有了 ERP（企业资源计划）系统、财务系统这些信息化系统，能够看到经营数据，就是数字化。毕竟，从过去的"没数"到当时的"有数"，已然是质的飞跃。那时的想法特别朴素，就觉得：有数，就是数字化。

然而，**这些"数"的局限性，很快就显现了出来**。一是，数据统计需要时间，经过层层上报及汇总分析，上个月的情况通常得等到下个月十号或十五号才能出来，看到的时候就已经晚了；二是，有些数据（比如收入、利润、现金流）是结果性指标，等看到的时候已经尘埃落定了，再怎么懊恼也无法改变；三是，有些过程性的经营数据还得靠人工填报，数据本身水分就大，而且不那么好看的数据往往会被刻意隐藏，等上面发现的时候，就更加晚了；四是，各个组织层级和各个职能条线出具的数据往往还不一样，一到开会，特别是季度经营分析会，光是"对数"就得折腾半天，还总对不清楚。其实，这些不正是建筑行业"黑盒子"体质的典型症状吗？

后来，该企业带着这些问题，做了深刻反思和行业对标，才猛然发现过去的认知有很大的偏差：**有数，不等于数字化；有传统信息化系统，也不等于数字化。**

数据，是数字化认知世界的方式。当数据本身存在明显的滞后性，在真实性、完整性和准确性上存在显著的局限性，在拉通各个职能条线、各个组织层级方面特别有心无力时，通过这样的数据看到的世界，只能是点状的、线性的、碎片化的、彼此对不上的。**即便有星星点点的光亮，但企业本质上还是"黑盒子"。**

弯路二：有智慧大屏，就是数字化

这些年来，"智慧大屏"似乎成了数字化的标配。没有智慧大屏，怎么向领导汇报？没有智慧大屏，领导根据什么决策？渐渐地，智慧大屏成了数字化的代名词，似乎只要有了它，数字化就大功告成了。

既然甲方这么想，乙方也就顺水推舟。渐渐地，大家达成了心照不宣的默契：数字化项目推进时，必须优先保证智慧大屏；交付验收时，必须确保让领导看到**"大屏上的数，动起来"**。至于大屏显示背后的数据具体是什么定义、是什么来源、是怎么分析的，是否真的是实时数据、准确数据，是否经过了交叉验证，是否真的在各个职能条线、各个组织层级之间做到了拉通对齐等灵魂拷问，就不要深究了。领导看了觉得好，不就皆大欢喜了吗？

其实，智慧大屏只是展示数据分析的一种媒介。徒有大屏，并不能保证其背后数据的质量，更不能因此证明数字化的成功。如果数据仍然靠人工填报，仍然在数据孤岛般的传统信息化系统中抓取，纵有智慧大屏，**但在这层表面光鲜的"玻璃盖板"之下，企业还是"黑盒子"。**

数字化，不是做给领导看的，要真正为企业创造价值。

弯路三：有智能硬件，就是数字化

这些年，还流行过一段时间的物联网工地。大家总觉得用上了能联网的智能硬件，能突破传统数据的种种局限，能实时采集数据，就是数字化。

比如，装些"智能摄像头"，对人员、车辆都能进行实时拍照，实时识别人脸及车牌，违规抽烟、乱扔烟头、未佩戴安全帽等不符合安全规范的行为也能尽收眼底；再比如，配备些"无人机"，需要的时候，可以立即启动，通过无人机从空中鸟瞰工地现场的整体情况。

刚开始，大家对这些硬件还有几分好奇；热闹了一阵子之后，没看见什么实效，还多了额外的负担（比如要看的数据多了，要填报的信息多了，要维护的设备多了），渐渐地，热度就消退了。一番折腾之后，钱没少花，最后得出的结论就一句话：物联网工地也没啥用。

这是为什么呢？平心而论，相比过去，能通过建筑工地上的多种智能硬件让我们看到"实时且真实的现场情况"，已然是点亮"黑盒子"的实质性的进步。

但问题在于，只有数据，没有连接，不能及时地触发后续的管理动作和调整决策，不能快速地形成系统性的 PDCA 管理闭环，智能硬件的确很难真正发挥价值。其实，不是智能硬件没有用，也不是实时且真实的现场数据没有用，而是我们没有将其用好。

我们一起走过的这些弯路，背后究竟有什么深层原因？归根到底，还是那时的我们**对系统性缺乏敬畏，对数字化缺乏认知**，从而导致了"局部优化"。

数字化的基础，是数据。这是数字化认知世界的方式，改造世界的根基。

从点亮"黑盒子"的角度看，传统信息化系统的广泛存在，不能掩盖其中的多种局限及数据孤岛的窘境；智慧大屏，"玻璃盖板"般的表面光鲜，不能掩盖其下企业"黑盒子"的实质；物联网工地，虽然做到了多个单点上的实时可见，但仅仅是点亮了局部，无法推动点线面体的全透明，无法实现系统性的透明可见。

数据的价值，在于连接。

从管好"黑盒子"的角度看，如果单点的数据不能连接管理，不能驱动决策，不能拉通内外部各个参与方，不能形成有效的协同作战，不能做到 PDCA 的管理闭环，那数据就会"无用武之地"，无法帮大家实现系统性的高效运转。

没有数据与连接，"数立方"只能是镜花水月。愿望的确美好，但也仅是愿望而已。

数字化的价值如何体现

弯路四：等待观望——先让别人搞起来，自己等着抄作业

前些年，这种想法还是颇有市场的。

关于数字化转型，当时流行一句话：不转，是等死；转型，是找死。与其背负"主动找死"的骂名，不如再等等看。反正企业规模就摆在这里，即便未来某天企业真的会死，只要不是在自己的任期内死的就好。

更何况，建筑行业不像互联网行业已有非常成熟的数字化套路打法。探索未知不仅投入大，而且风险高，与其自己当小白鼠，不如先让别人搞起来，自己等着抄作业。

最近几年，改变正在悄然发生。

一是因为**"早启动,早受益"**。

比如,陕西建工(简称陕建)是从"十三五"开始启动数字化转型的。现在它已通过数字化集采模式,在多种大宗物资的采购成本上,降幅达 20% ~ 50%,有的物资采购成本做到了全省最低价,有的甚至做到了全国最低价。

此外,陕西建工还通过基于物联网平台搭建的智慧工地平台,实现了工作效率的倍数级提升。以耗时耗力的重点项目考察为例,原本经常是"领导跑断腿,项目看不完",要深入考察一个项目,各种相关资料就得推上一小车,一天下来,看完两个重点项目都很困难。现在,一天可以轻松看完十个重点项目,还能结合实时准确的现场数据、视频及直接互动,达到"不在现场,胜似在场"的效果。

这样显著的效果,谁不心动?

二是因为**"即便有的抄,其实也不好抄"**。

每家建筑企业的情况不同,数字化基础不同,组织架构、管理制度、流程标准、核心能力及人才梯队也都不尽相同。即便数字化转型的战略目标一致,但在具体执行的路径规划、节奏把控及切入点选择上,也会不同。

别人的作业可以参考,但想完全照抄,几乎不可能。

弯路五:单打独斗——什么都想自己做,要把自己变成软件公司

与上面的等待观望恰恰相反,抱持这种想法的建筑企业往往在数字化转型方面动作很大。不仅会大力投入,而且要全部掌握,从软件到

硬件，再到数字化基础设施，什么都想自己做，自力更生。

这种想法通常是出于两个考虑，一是为了确保数据安全，二是为了追求第二曲线。

数据已被国家定义为继土地、劳动力、资本、技术之后的第五大生产要素。数字时代，数据已成为企业的核心资产。相比实物资产，数据更易于复制、传输，且这一过程不易被发现，从网络安全的角度看，数据更容易被外部攻击与盗取。数据安全的确需要高度关注。

再来，就是受到像亚马逊这样的互联网巨头成功开启第二曲线的励志案例影响。原本是电商的亚马逊，通过向外部提供其服务于自身的数字化基础设施，成功打造了亚马逊云科技（AWS），不仅成功开启了企业发展的第二曲线，而且为人类开创了云计算的新纪元。

不过，最近几年，这么想的建筑企业越来越少了。大家开始认识到，重视数据安全与必须全部自力更生是两件事。就像在移动通信时代，我们无须因为对数据安全的担忧，把自己变成中国移动、中国联通、中国电信，变成华为、中兴和大唐，同样地，今天在数字时代，我们要做的**不是重新发明轮子**，而是用好时代的馈赠，借助各种已有的数字化基础设施及软硬件解决方案，提升业务经营的效率和效益。

更何况建筑行业的人才吸引力本来就不高，数字化能力基础也比较薄弱，中建某局的数字化转型负责人在一次分享中曾直言不讳地说：光靠我们自身的人才储备及能力积累，的确很难满足企业数字化转型的全部需要。

大家越来越意识到，要充分借助外部合作伙伴，**把专业的事，交给专业的人做**。

弯路六：主次颠倒——零打碎敲做周边，把技术和业务做成了"两张皮"

很多正在认真推动数字化转型的企业最大的困惑在于：为什么这么努力、这么投入，不但专人专岗，还成立了专门的数字技术团队、部门甚至子公司，却一直成效不大呢？

这种现象不仅发生在建筑行业。2018～2021年，埃森哲连续4年对中国企业数字化转型进行了深入的调研。结果显示，在所有被调研的企业中，数字化转型取得了显著成效的，实在是少之又少。2018年，该比例仅为7%；2021年，虽有大幅提升，但也仅为16%，不到1/5。

反躬自省，广联达也遇到过类似的问题，走过类似的弯路。

2020年，"我们成立了'数字广联达'，作为专门推动企业内部数字化转型的专职部门。一年下来，该部门也干了不少实事，比如开发了移动端饭卡充值、超级门禁及会议室预定系统等改善日常工作体验的数字化应用，颇受好评。但年底复盘一看，总觉得这些工作有点浮于表面，多少有点炫技的成分，或许对营造数字化转型的组织氛围，提升全体员工的数字化意识还有点用，但对主营业务的效率和效益提升，说实话的确没啥实质性的价值。"广联达相关负责人坦诚地说。

深刻反思后，广联达发现核心问题在于把技术和业务做成了"两张皮"。由于数字广联达是独立部门，面对核心业务部门和主要职能部门，似乎都插不上手，只能零打碎敲地做周边了。结果就是，**好钢没有用到刀刃上**，大量数字化转型的资源没有被用于核心业务的提升，没有形成系统性的规划，自然很难创造实效。

于是，在2021年年底做战略规划时，广联达有意识地对数字化的发力点及资源配置进行了调整，将半数以上的团队成员及预算作为核心业务数字化的专项投入。

我们一起走过的这些弯路，背后究竟有什么深层原因？归根到底，还是那时的我们**对数字化转型缺乏认知**，从而导致了"战略跑偏"。

数字化的战略定位，在于为业务赋能。

企业要的不是技术本身，而是扎扎实实地通过数字技术助力业务发展，提高效率，提升效益。本来建筑行业整体利润空间就不大，之所以还要从微薄的利润中挤出有限的资源，投入到数字化转型之中，绝不是为了跟风、炫技和获得好评。说实话，也真的跟不起风。

数字化必须与业务深度融合，必须有力支撑管理决策，必须为企业创造价值。这个战略定位，必须清晰。

建筑企业进行数字化转型的战略意图，不是要改行做软件，而是要在数字时代，成为对当期经营更有掌控力，对制胜未来更有拓展力，更具发展韧性，更加透明高效，更能持续进化的数字化建筑企业。这个战略意图，也必须清晰。

想做的"愿望"是美好的，但能做与可做的"现实"往往是残酷的。今天，我们看到的亚马逊云科技的巨大成功始于它 20 年前领先全球 5～10 年的战略远见，源于它 20 年来的战略布局与持续深耕，也离不开它过去 20 年来不少于数千亿美元的持续投入。

有些成功之路是很难复制的。即便想复制，也要在出征前，充分认识到其中的艰辛、路途的漫长，以及过程中必需的长期投入和能力支撑。

脱离现实的战略对组织的破坏很可能也是巨大的。

数字化转型的过程有什么特点

弯路七：急于求成——不顾数据基础，试图一蹴而就

有的建筑企业对数字化转型抱有极大的热情与期许，希望以"毕其功于一役"的豪情壮志，试图通过"上硬件，上软件，上云"等大手笔投入，像制造业的"无人工厂"一样，一步迈进智能建筑的新纪元。

这种充满理想主义的亢奋情绪，在地产行业气势如虹的前些年，曾经颇有感染力。然而，随着投入越来越大，投入与产出越来越不成正比，这种"雷声大"的起势，往往会伴随着"雨点小"的过程，再后来就是"没有后来"的惨淡结局。

如果企业的数据基础还处在数据孤岛阶段，还没有在各层级、各条线及各信息系统之间做到数据定义、口径、采集及校验方式等方面**系统性的拉通对齐**，还没有实现系统性的透明可见，就想一步达到所谓的"人工智能""智能管理""智能建筑"等各种新名词描绘的理想境界，是不可能的。

以 2009 年 9 月 28 日正式动工的广州东塔项目为例。该项目由中建三局和中建四局联合担纲施工总包，为了确保这栋投资超百亿、楼层过百层、高度超五百米、建筑面积三十五万平方米，集超五星级酒店及餐饮、服务式公寓、甲级写字楼、地下商城等功能于一体的超高层综合体的保质保量如期交付，中建找了多家 BIM 及 CAD 领域的全球知名软件厂商，希望共同开发一套"基于 BIM 的施工总承包集成管理系统"。

经多轮沟通、遴选及评议之后，最后脱颖而出的，竟然是当时名不见经传的一家本土公司——广联达。时任中建四局该项目的主要负责人回忆道："说实话，它也不是最理想的，但其他那些通用型软件公司都不懂建筑行业，我们提的需求它们也听不明白，而且国外大厂也不愿意跟我们一起探索，来冒这个风险。"

在与广联达共同探索的过程中，中建发现建筑项目相当复杂。"虽然当时还没像现在这样对建筑项目高度的系统复杂性有充分的认知，但双方都意识到，想一步从零做到'集成管理'是不可能的，必须先解决'看得见、看得全'的问题，为项目管理及经营决策夯实数据基础。"

于是，双方调整了目标，改为共同开发一套**"基于 BIM 的施工总承包集成信息系统"**。的确，透明可见是高效运转的前提。

这个貌似"退而求其次的"系统，实则意义重大。这不仅是 BIM 在中国用于建筑项目管理的最早探索，也是广联达多年坚持的"数字化必须与业务深度融合，BIM 技术必须与项目管理深度结合，为建筑企业创造更大价值"的指导思想的源头。

有了系统支撑，广州东塔这个超百层的超高层项目，其主体建造速度从刚开始的六七天一层，在楼层越来越高、施工难度越来越大的情况下，不但没有放慢，还一路加速，持续提速到了四五天一层。

弯路八：大干快上——请"大神"，给预算，上百个项目齐头并进

也许是缺啥想啥，有的建筑企业对咨询公司、科技企业、互联网大厂有种崇拜，尤其对其中的高质量人才有种迷信，特别希望从这些大厂中挖到"大神"。

通常情况下，大厂的"大神"跟我们建筑企业来一起做做项目还可以，但真的愿意纵身一跃投身建筑行业的，其实不多。好不容易请来了"大神"，职级、待遇自不用说，编制、预算也得给到位。

"大神"都很敬业，一来就开干，画蓝图、招队伍、起项目。很快，企业从对数字化的懵懵懂懂，到上百个数字化项目齐头并进，大家开始慨叹：真是神兵天降啊，"大神"就是"大神"！

然而，并非所有的"大神"都能用专业收获崇拜、用实效赢得信任。有个别"大神"虽然身在建筑企业，但似乎还活在互联网大厂的世界，很少跑现场，很少去跟奋战在项目一线的作业人员及管理人员交流。凡是跟他既有的认知和经验不一样的，就是不对的，就是落后的，就是必须改的。这种心高气傲、水土不服，不仅是在他个人身上有，在他招来的旧部身上有，更可怕的是在他发起的上百个数字化项目中也有。

渐渐地，这种外来"大神"的水土不服，会变成"老班子"的集体不服。随着越来越多的人私下找一把手反映问题，越来越多的担忧与不满在会上公开表达，以及后来数字化项目数量及团队编制的持续缩水，"大神"的命运也跟着日渐飘摇起来。

其实，无论是请"大神"下场，还是请咨询公司、科技企业、互联网大厂等外部合作伙伴，最重要的都不是数字技术本身，而是如何把数字化的经营管理理念及数字化领域的相关技术，作用于建筑行业的业务难点及管理痛点，通过对实战场景的深入拆解与梳理，找到数字化赋能业务的系统性解决方案。一直抱着互联网大厂的经验不放，是很难在建筑行业的经营管理中真正发挥数字化的价值的。

而且，从变革管理的角度看，一上来就启动上百个数字化项目，也不符合组织变革的普遍规律。数字化本来就是新生事物,大家本来就将信将疑,如果不能选准切入点,不能聚焦发力,不能让大家看到价值,尝到甜头,好不容易聚拢的人气、培养的信心会很容易消散殆尽,很容易形成"数字化没用,数字化不适合建筑行业"的负面印象。

老话说,"请神容易,送神难",从来到往,怎么也得一两年。如此折腾上一两次,数字化就真的很难搞下去了。

弯路九:避重就轻——缺乏一把手深度参与,深水区问题只能选择回避

那么,没有"大神"的建筑企业该如何推动数字化呢?

建筑企业的一把手通常不是学数字技术出身的。谈到数字化,面对很多数字化新名词,总觉得不知所云。心里不明白,但也不方便问,一问就坐实了"不懂数字化"的骂名。

遇到与数字化相关的重大决策,尤其是那些投入大、周期长、见效慢、风险高的大手笔项目,时常会觉得不太靠谱。但心里觉得不靠谱,嘴上也不方便说,总不能全都"枪毙"啊,要不更会被贴上"保守落后""思想僵化""不能与时俱进"的种种标签。真是难啊!

面对如此左右为难的情况,有些建筑企业的一把手会选择让某位副总担任数字化转型工作的牵头人,在全公司或全集团的层面,全权负责与数字化转型相关的各项工作。通常能被指定为牵头人的人,都是资历深、威望高、业务能力强的某主要业务或职能条线的负责人。

然而,即便有资历、有威望、有能力,牵头人的权限也仅限于"牵头"而已。对其他的业务及职能条线,既不存在汇报关系,又不涉及绩

效考核。所以，经常是做着做着，就从"全公司或全集团层面的数字化转型"坍缩成了"某业务或职能条线内的数字化转型"。美其名曰：率先垂范，先从自己下手。

当然，能有一个先动起来，总比所有条线都一动不动的好。但是，建筑企业的数字化转型的问题并不是一个简单的技术问题，更不是仅靠技术就能解决的问题。面对像"如何打破业务及组织割裂，在各个数据孤岛之间建立有效连接，夯实数据基础""如何拉通对齐各层级、各条线、各部门及各参与方，形成快速有效的 PDCA 管理闭环""如何优化组织协同方式、加快能力提升速度、加强人才梯队建设"等各种"深水区问题"，牵头人只能选择回避。没有一把手的深度参与，不选择回避还能怎样呢？

但是，这些"深水区问题"恰恰是真正破解"黑盒子"的关键。光靠点亮单点、单条线，怎么可能真正破解"黑盒子"，构建出我们建筑人心中向往的透明、高效、持续进化的"数立方"（见图 5-1）呢？

点状的、线性的局部优化，解决不了系统性难题。

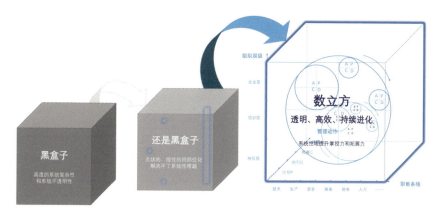

图 5-1

我们一起走过的这些弯路，背后究竟有什么深层原因？归根到底，还是那时的我们，**对数字化转型过程缺乏认知**，从而导致了"急功近利"。

数字化转型，道阻且长。

这意味着，企业需要在战略目标及战略定位清晰的基础上，系统性地规划好数字化转型的路径、节奏把控及组织支撑。不能脱离现实，不能好高骛远，不能急功近利，必须实事求是，有步骤、分阶段地循序渐进。唯有这样，数字化转型才能真正不负我们的殷切期望。

本章小结

系统性地梳理和复盘这些年来建筑企业在数字化转型方面走过的弯路，不但能帮我们深刻洞察弯路背后的深层原因，看到自己对系统性缺乏敬畏，对数字化、数字化转型及数字化转型过程缺乏认知，更重要的是为我们指明了建筑企业数字化转型的破局之道——系统性数字化。

本书第三部分，将为你详细拆解系统性数字化。

第三部分

建筑企业的数字化转型，究竟该如何破局

这部分共三章，占全书篇幅近六成，着重探讨了建筑企业数字化转型的破局之道——**系统性数字化**。

系统性难题，需要系统性解法。建筑企业应秉承系统性数字化的指导思想，做好三件事，推动系统性数字化转型：①认知升级，建立系统性数字化思维；②业务升级，驾驭数字化生产力；③组织升级，构建数字化生产关系。只有这样，才能真正破解"黑盒子"，构建"数立方"，提升掌控力和拓展力，增强发展韧性，实现高质量发展，打造出透明、高效、持续进化的**"数字化建筑企业"**。

数字化之于建筑企业还是新生事物，还需要历经实践、认识、再实践、再认识的过程。这部分以较大的篇幅，系统梳理了多家行业同仁的数字化转型实战案例，希望这些源于一线的勇敢探索与鲜活实践，能对你有启发、有帮助。

| 第六章 |

认知升级，建立系统性数字化思维

要想探究数字化转型的破局之道，首先要对数字化及数字化转型形成正确的认知。只有洞察本质、把握规律，才能真正把数字化用起来、用得好。

数字化的本质是什么？数字化转型的本质是什么？数字化转型为什么应该是，也只能是一把手工程？数字化该怎么学，如何推动组织认知升级？**这四个关键问题，是认知升级的核心。**

让我们带着这些问题，一起开启探索之路。

数字化的本质是什么

要想把握所有系统，就看三个部分：要素、关系及准则（详见第二章）。同理可得，要想充分发挥数字化系统的超能力，尤其是其强大的**"系统性能力"**，也需要三个部分——数据（对应要素）、连接（对应关系）

和算法（对应准则）的合力支撑。

扎深数字化的根——数据

数字化的第一支撑是数据，因为数字化是用数据的方式（即二进制），描述物理世界里的人事物及行为活动。

数据，只是"数字化描述"的形式。比形式更重要的是实质，即必须系统性地确保数据的**"准确、及时和全面"**。如果还是主要依靠人工填报，层层汇总，那么传统信息化的种种弊端，比如数据的偏差、滞后、缺失及各种猫腻，仍然不会被改变（详见第五章之弯路 ）。

对于建筑企业，什么是数据准确？就是要实现数据的自动采集、处理、校验、填报及上传，无修改、无掩饰地，如实如是地呈现真实情况。

什么是数据及时？就是要打破物理世界的时空阻隔（比如点多、线长、面广的大型基建项目就存在这个问题），突破人类大脑的容量限制，实现海量数据的实时获取，无延时、无丢失、无地理限制地在各组织层级及业务条线之间，按需实现数据的零时差共享。

什么是数据全面？就是要沿着建筑行业的全链条、建筑项目的全周期、业务及管理活动的全过程（包含建筑实体及建设过程涉及的全要素及全参与方），实现数据的全覆盖。

准确、及时和全面的数据，是数字化的根。

打通数字化的脉——连接

数字化的第二支撑是连接，要把零零散散的数据单点、数据孤岛连接起来，改变过去的业务割裂、组织割裂。毕竟，碎片化的数据、局部的优化是解决不了系统性的"黑盒子"难题的。

数据的系统性连接，有三个维度：**一是纵向打通组织层级，二是横向拉通职能条线，三是深度连接业务管理**。有了这样的连接，准确、及时和全面的数据才能帮我们在数字世界里，实现点线面体的全透明，实现高效运转的管理闭环。

数据的系统性连接，不是简单的技术问题，而是一定要与业务紧密结合，一定要能促进各相关方的高效协作，一定要与各层级、各条线管理者的权力和责任相匹配。数据本身不是目的，连接本身也不是目的，通过准确、及时和全面的数据支撑和有效连接，帮助相关方及管理者提升业务及管理行为的效率和效果才是目的。

三个维度的系统性数据连接，是数字化的脉。唯有这样的拉通对齐，才能让天然具有超强连接力的数据真正流动起来，把企业融为一个"数出同源，一源多用"的有机整体，把"黑盒子"变成"透明立方体"。

点燃数字化的魂——算法

数字化的第三支撑是算法。相比数据、连接，算法对大多数人来说，似乎显得有点陌生且高深。然而，要让连接起来的海量数据真正发挥作用，让"透明立方体"高效运转起来，关键在于算法。

算法的本义是，解决某个问题或达成某个目的的具体步骤（a step-by-step procedure for solving a problem or accomplishing some end）；在数字化的语境中，算法是指计算机为实现某个目标而遵循的一系列规则（the set of rules a computer follows to achieve a particular goal）。

从应用的角度，我们可以把算法理解成，为解决某个问题或达成某个目标，制定的**一系列业务及管理规则**，用于指导计算机分析海量数据，判断和分析结果，做出行动决策，即能根据不同情况，触发不同的业务及管理行为。

这意味着，**在算法的指导下，数字化系统有了目标**，面对有机连接在一起的海量数据，学会了分析、判断和决策，从徒有一身本领的草莽英雄，变成了能对企业经营管理做出巨大贡献的战士。

举个我们司空见惯的日常生活的例子，来领略一下算法的强大威力。比如，用户通过手机点外卖，外卖平台是如何做到在规定时间内完成送餐的呢？大致的过程如下所述。

系统接单后，需要实时分析下单买家的位置、接单商家的位置、外卖骑手的位置，商家备餐的时间、骑手到店的时间、骑手送餐的时间，相邻或同一买家的其他订单、相邻或同一商家的其他订单，以及骑手已接的其他订单等海量数据，根据预先设定的业务规则（算法），做出当下最佳的派单决策，以及最佳的取餐和送餐路径规划。在订单执行的过程中，系统还会根据商家备餐的实际用时、骑手到店的实际时间及相关和相邻道路的实时路况，进行实时动态调整，高频系统优化（高峰时段，每小时优化次数可达几十亿次）。而且，随着时间的推移，数据及多渠道、多维度的反馈的积累，系统算法还可以持续优化，不仅越来越精准，而且越来越人性化。

那么，在我们建筑行业的工作场景中，算法又能发挥什么作用呢？我们可以举个例子来感受一下。

比如，算法可以帮助我们解决建筑工地施工安全方面的一些老大难问题。原来像没戴安全帽这样的事，光靠安全员巡视根本看不过来，管不过来。现在有了智能摄像头，不仅能实时查看现场情况，而且还能通过算法，第一时间发现工人未佩戴安全帽的情况（分析海量数据），第一时间判断这种情况违反了安全施工的要求（判断和分析结果），第一时间提醒当事人及相关负责人进行整改（做出行动决策），**自动形成 PDCA 管理闭环，驱动管理，支撑决策**，系统性地**提升运转效率**。随着算法对触发条件的分析能力、对适用规则的判断能力、对解决方案的决策能力的持续提升，算法还能推动数字化系统持续迭代。

毫不夸张地说，算法是数字化的魂。

拆解至此，小结一下，数字化的本质是什么？**就是三要素：数据、连接和算法**。

要想真正发挥出数字化系统的六大超能力，破解"黑盒子"，构建"数立方"，彻底解决高度的系统复杂性和不透明性问题，系统性地实现透明可见、高效运转和持续进化，必须扎深数字化的根（数据），打通数字化的脉（连接），点燃数字化的魂（算法）。

数字化转型的本质是什么

数字化转型是什么

根据 Gartner 的定义，纯粹技术层面的数字化转型是指，"将模拟信号变成数字信号的过程，也叫数字化实现"（Digitization is the process of changing from analog to digital form, also known as digital enablement）。

与企业经营视角更贴合的是**业务层面的数字化转型**，它指的是利用数字技术及其相应的支撑能力，创造出更具韧性的全新数字化业务模式的过程（Digital business transformation is the process of exploiting digital technologies and supporting capabilities to create a robust new digital business model）。

第二个定义中有**三个关键词**值得我们细品。

一是**利用**（exploit）。这说明数字化转型的要义，不在于技术层面的发明创造，不是要重新发明轮子，而在要结合实际业务场景，针对实际业务难点和管理痛点，把先进的数字技术用起来。

二是**韧性**（robust）。在软件工程领域，通常会音译成鲁棒性，指的是系统在受到外部冲击时，还能维持其主要性能的稳定性。通俗来说，就是耐折腾、韧性强。在这个充满不确定性的时代，对于建筑行业这个备受"来源多、频次高、不可控性强的突发变化"困扰的行业，更具发展韧性的全新数字化业务模式，的确令人分外向往。

三是**过程**（process）。这也印证了前文的分析，数字化转型不可能一步登天，一蹴而就，毕其功于一役。从这个意义上说，数字化转型不仅要明确战略定位和目标，定义清楚什么是彼岸；还要把握好节奏，规划好路径，有步骤、分阶段地从此岸向着彼岸进发。

建筑行业的数字化转型也应当是这样一种"利用"的思路，即如何利用好数字化这个认知世界、改造世界的新工具，解决建筑企业的业务难点和管理痛点；也应当有这样一种"韧性"的要求，即如何在这个充满不确定性的时代，系统性地应对各种突发变化，提升业务的韧性和组织的韧性；也应当是这样一种道阻且长的"过程"，即如何在工业化尚未完成、数字化刚刚起步、整体利润水平低、粗放式的传统模式难以为继的全方位挑战下，带领企业走向彼岸。

其实，这些年，我们建筑人已经身处这个过程中了。大家越来越意识到，数字化转型不是简单的技术问题——把线下搬到线上，把物理世界映射到数字世界，也不仅仅是单纯的业务问题，而是关于企业未来生存发展的问题，会涉及如何驾驭先进的数字化生产力、如何构建适配的数字化生产关系、如何打造制胜未来的数字化核心竞争力等方方面面的**"系统性重塑"**。

数字化转型能创造什么价值

对于苦"黑盒子"久矣的建筑人，数字化能帮我们突破高度的系统复杂性和不透明性的重重障碍，将"黑盒子"变成透明、高效、持续进化的"数立方"。这样的数字化转型能在两个方面创造巨大价值。

第一，提升对当期经营的掌控力，从而做到有效益的经营，提升存量业务的利润率。

有了"数立方"，我们可以在"看得见、看得全、看得清、看得准、看得远"的有力支撑下，系统性地实现岗位层的精细管理、项目层的前瞻优化和企业层的全局掌控，这必将改变过去的事后管理、疲于应对、扯皮救火的工作模式，打破"方差大、消耗大、压力大，均值低、效率低、效益低"的恶性循环，提升企业对当期经营的掌控力，实现降本、提质、增效，提升存量业务的利润率。

核心业务的高质量经营是创新拓展的前提。只有主营业务良性发展、持续盈利，企业才有余力和实力，才能拿出必要的资金资源和人才储备投入业务创新和拓展。

第二，提升对制胜未来的拓展力，从而做到可持续的增长，提升增量业务的增长率。

有了"数立方"，我们可以从新客户、新区域、新业务、新模式等多个方面，打造健康、可持续、更具发展韧性的动力引擎，系统性地提升企业对制胜未来的拓展力。

总而言之，数字化转型最根本的价值在于，能够帮助建筑企业实现从"黑盒子"到"数立方"的本质突破，从"粗放式"到"高质量发展"的模式升级。

未来的竞争，不只是资本、人才的竞争，也必将是数字化能力的竞争。数字化转型这场深刻全面的系统性重塑，不仅是建筑企业通向未来的必经之路，更是建筑行业转型升级的历史机遇。

要想成功完成数字化转型，需要做对什么

数字化转型绝非易事。正如埃森哲调研结果所示，只有不到五分之一的中国企业在数字化转型方面取得了显著成效（详见第五章）。

要想成功完成数字化转型，需要做对三件事：认知升级、业务升级、组织升级。

业务升级和组织升级都好理解，毕竟这是数字化转型的价值所在。那为什么还要特别强调认知升级呢？

改变观念往往是困难的，改变习惯常常是更加困难的，这是人之常情。如果对数字化的理解还不到位，对数字化转型的价值还不清晰，

对企业启动数字化转型的战略意图还不明确,就很容易被眼前的困难、客观的障碍与潜在的风险和损失干扰。如果不能正视这些"人之常情"和认知上的欠缺,或多或少、或明或暗它们都会成为转型的阻力。

探索的道路往往是蜿蜒曲折的,这是规律。如果对困难准备不足,很容易在过程中灰心丧气,半途而废;如果对问题视而不见,又很容易步子迈得太大,走得太急,在过程中引发剧烈的震荡与反弹,继而迫不得已地"拉抽屉"。

真正的改变需要深刻的理解和高度的共识。升级认知,建立正确的数字化理念属于"磨刀不误砍柴工",一定不能省。

拆解至此,建筑企业数字化转型的本质,是什么?就是**系统性重塑**,提升掌控力和拓展力,增强发展韧性,实现高质量发展。

系统性难题需要系统性解法。不仅要在构建"数立方"时,秉承系统性思维,做到"数据、连接及算法"三个要素的系统性支撑;还要在推动数字化转型时,保持系统性思维,通过"认知升级、业务升级、组织升级"三个抓手实现系统性重塑。

数字化转型为什么应该是,也只能是一把手工程

为什么数字化转型"应该是"一把手工程

因为进行数字化转型是一把手的职责所在。一把手要**"对全局负全责"**,既要对当期经营负责,也要对未来发展负责;既要让企业保持当下的持续增长,又要"边开飞机边换发动机",帮助企业通过数字化转型,在未来逐步实现发展模式的转型升级和组织能力的转型升级。

对此，国家也提出了明确的要求。2020年9月，国务院国资委科技创新和社会责任局在《关于加快推进国有企业数字化转型工作的通知》中明确提出："要实行数字化转型一把手负责制。"

为什么数字化转型"只能是"一把手工程

因为这是一把手的能力所在。数字化转型是一场深刻全面的**"系统性重塑"**，只有一把手能够真正站在全局视角，拉通对齐所有业务板块、职能条线和组织层级，帮助数字化系统搭建施展超能力的舞台；能够真正站在长远视角，综合考量短期既得利益与长期发展需要，在短期的不理解和不适应与长期的必要性和迫切性之间，在投入和阻力的确定性与成效和价值的不确定性之间，找到既适合企业经营实际，又符合数字化转型规律的前进路径。

数字化转型的关键在于转型。如果一把手不推，肯定推不动。就像二十多年前，如果不是任正非的坚定不移和亲力亲为，IBM管理咨询项目估计也会虎头蛇尾，继而无疾而终。

为什么一把手还可以"乐于是"数字化转型的一号位

"应该是"和"只能是"，谈的是一把手的责任与能力，听起来难免有些沉重。其实，换个视角看，数字化转型可以成为一把手的**"好帮手"**，成为一把手自我刷新的**"好契机"**。此话怎讲呢？

过去，面对"黑盒子"，建筑企业的一把手可谓是责任大、压力大。想要破解"黑盒子"吧，没有抓手；想要对全局负全责吧，没有支撑；想要改变粗放式发展模式吧，又没有系统性的新动能。新的时代给了我们新的工具，让我们终于可以系统性地改变建筑行业落后的生产模式和管理模式，终于可以系统性地打造透明、高效、持续进化的"数立方"，何乐而不为呢？

这听上去有点鸡汤，但其实不然。众所周知，农业和建筑行业——两大人类最古老的传统行业，在数字化转型方面可谓是"难兄难弟"，常年并驾齐驱，轮流占据着各行各业数字化发展水平的倒数第一第二的位置。自 2015 年起，我（杨懿梅）和全球管理大师拉姆·查兰一起服务了一家农业企业。刚开始的时候，我们谈起可以用数字化的方式，改变已经传承了数千年的传统养猪模式，实现效率与效益的量级提升，大家都觉得有点天方夜谭。当时，连最有闯劲、最敢想敢干的企业创始人，也觉得心里没底，挑战很大。

这位 1992 年下海创业的企业家私下问拉姆·查兰，自己不懂数字化，怎么领导企业进行数字化转型。当时拉姆·查兰平静地说："这事（数字化转型），是否事关企业生死？如果是，就得学，就得干，别无选择，无论多难。"停了停，他又笑着补充道："你会喜欢的。"

事实果真如此。经过 2 年多的不懈学习和持续探索，这家企业终于找准了适合自身的方向和切入点，开始了突飞猛进的数字化转型进程。5 年的时间，不仅真的实现了全过程、全智能养猪，主营业务在存量市场取得了 10 倍的增长，还用数字化的方式，成功实现了向产业链下游延伸的第二曲线破局。2021 年 4 月，一批来自深圳的企业家前往该农业企业参观后，惊叹道："一家业务如此传统的传统企业，数字化竟能做到这么高的程度，真是完全没想到。"

回看这个过程，这位企业家全心投入，亲自上阵，攻坚克难，不仅带领企业实现了系统性重塑，也完成了自己的系统性刷新。他就像是回到了当年创业的青春岁月，还真是乐在其中。

人生能有几回搏？既然时代赋予了我们这样的使命，作为一把手，不仅"应该是""只能是"，还可以"乐于是"数字化转型的一号位。

数字化该怎么学，如何推动组织认知升级

"不懂数字化，怎么搞数字化转型"——这是让我们在"数字化系统的超强能力，数字化转型的巨大潜力"面前，仍然心存纠结的根本原因。

因此，数字化转型的第一步，是认知升级，建立正确的系统性数字化思维，先松土，再播种，为启动数字化转型营造必要的组织氛围，打好必要的认知基础。

数字化究竟该怎么学，究竟该如何推动组织认知升级呢？下面将结合**广联达的实战案例**，跟大家深入探讨。

建筑企业数字化转型实战案例系列

广联达：如何系统性地升级组织的数字化认知

广联达科技股份有限公司创立于1998年。它从工程造价软件做起，经过20多年的艰苦奋斗，已成为中国工程造价软件行业响当当的排头兵，实现了当初的创业初心——"让预算员甩掉计算器"。

2017年，广联达开始了二次创业，致力于打造数字建筑平台，成为全球数字建筑平台服务商的领导者、建筑行业数字化转型的使能者。

二次创业是广联达面对数字时代的发展趋势，面对建筑行业的迫切需求，勇敢选择承担的历史使命，也是对第一次创业业务模式的转型和对公司业务发展的全面升级。

要想推动行业的数字化转型，必须从自身的数字化转型开始。然而，二次创业之初，大家对数字化的认知有限，关于什么是数字化，为什么要启动数字化转型，以及如果真要启动，该做什么、怎么做、做成怎样才算做好，还有很多疑问。说实话，当年，对数字化转型究竟是道选答题还是必答题，连核心团队也没有一致的答案。

广联达的创始人刁志中认为，**认知的局限和思想的僵化是企业发展的最大障碍**。要想二次创业成功，必须系统性地改变团队思想，升级组织认知。

为此，刁志中亲自挂帅，经过4年的努力，在整个公司成功地营造了数字化学习和转型的热烈氛围，在共学共创的基础上，形成了共识和共振，不仅统一了思想，统一了步调，还系统性地升级了组织认知。

这是怎么做到的呢？广联达**系统性地升级认知的三大抓手**是：一，面向全体员工的共学共创；二，面向核心团队的高管研学；三，聚焦学以致用的持续迭代，逐步形成广联达数字化转型的核心理念和方法论。

面向全体员工的共学共创

"一年之计在于春"，2019年春，广联达为推动数字化转型，成立了"数字化共学共创"项目组,由刁志中亲自担任项目总监,向全员发出了"全员共学一本书"倡议书。

广联达的共学共创不是做表面文章,不是搞形式主义。要学就要真学,要做就要真做。为此,广联达把"全员共学一本书"的活动,分成了三个阶段。

第一阶段,共学,为期1～2个月。鼓励每个人读书和思考,并在学习平台上分享读书心得,内容不限,长短不限。这个阶段的目的在于,激发大家充分表达,促进大家交流和探讨。

第二阶段,共创,为期3～5个月。鼓励每个人大胆畅想,在力所能及的范围内,踊跃开展"数字化创新实践";对于需要投资或组队才能付诸实践的创意,广泛征集"数字化创新提案"。经过层层评审选出的优秀团队和提案,还能获得数字化创新基金投资,在为期3个月的创造营中把提案变成现实。这个阶段的目的在于,激发员工的主观能动性、创新力和创造力,实现从学到思、从创意到行动的持续深化。

第三阶段,共思,为期1～2个月。鼓励每个人反思复盘,对"全员共学一本书"的活动组织及在这个过程中涌现出来的创新和创意,进行总结并分享。然后,对优秀的学习心得、提案实践、个人和集体进行评优表彰。这个阶段的目的在于,提炼和总结全员共学和数字化转型的方法论,以及系统盘点全员共学活动中涌现出来的骨干人才和标杆团队。

为了带动整个公司真正做到全员共学共创,刁志中及全体高管率先垂范,不仅带头分享读书心得,而且还以陪跑导师、路演导师、心得评审、提案评审、投资评审等多种角色，全程陪伴、督促、帮助大家深入学习和思考，深度实践和反思。

2019年，全员共学的是《从1到N：企业数字化生存指南》，这是一本非常好的数字化启蒙读物。

该书围绕着"为什么，做什么，怎么做"这三大问题，由表及里，层层递进，构建了数字化转型的基本框架。当时大家把这次共学戏称为"一本书和一群'小白'的数字化启蒙之旅"。

近一年的共学成果颇丰：一是涌现出了2495篇读书心得、214个创新提案以及9个获得投资的创客项目；二是打磨出了一套"全员共学一本书"的工作方法论；三是最重要的，在全员范围内进行了一次数字化氛围熏陶和意识升级，就"数字化是每个行业、每家企业的必选题"达成了高度共识。

真学真做，就要动真格的。这本书第八章提到，"在企业的数字化过程中，企业文化更是发挥着前所未有的作用：如果传统企业继续奉行原有的文化而不做任何改变，数字化转型会被原有的企业惯性拉回既定的轨道"，刁志中深受触动，并于2020年启动了企业文化价值观的刷新。

2020年，全员共学的是《贝佐斯的数字帝国：亚马逊如何实现指数级增长》——一本系统性极强的数字化企业经营管理指导书。

该书从战略到执行，从业务到组织，从文化到机制，将亚马逊的管理体系拆解为业务模式、人才招募、数据支撑、创新引擎、决策机制和组织文化六大模块，系统剖析了亚马逊创始人贝佐斯在数字化企业经营管理上的顶层设计思路及实操落地方法。

这本书最早是用友网络创始人、董事长兼总裁王文京推荐的。刁志中读了三遍之后，决定将其定为广联达全员共学的第二本书。

他在面向全员的倡议书中写道，这是"一本将思想、方法、实施和案例有机结合的书，从理论到实践都干货满满，具有很强的借鉴与指导意义。企业创始人、公司高管、中基层干部以及一线员工都可以从书中找到引起共鸣的场景，并透过现象理解企业数字化转型的本质。我自己已经读了三遍，每次读都有新的收获和启发。**这是一本适合经常翻阅，常读常新的书。**"

这一年，广联达对"共学共创"进行了迭代。

一是将共学分为三个阶段：第一阶段，将书读薄；第二阶段，将书读厚；第三阶段，将书读精。还就三个阶段分别设立白银、黄金、钻石三级启发官，由他们带领各自所在的团队，**把共学做深**。

第一阶段读书，就收到了3063篇学习心得，领导干部更是做出了表率——92.84%的干部在第一个月就提交了初学心得。

二是请启发官带领大家，以"六个思考屋"（对应亚马逊管理体系的六大模块）的框架体系，用"三层一体"（从思想观点到思路方法，再到实施方案的三个层面）的思考模式，用"提案四问"（包括现象影响、根因分析、解决过程和价值体现四个问题）的逻辑结构，进行了"解构亚马逊，反思广联达"的深度思考，并从个人提案及团队实践两个角度，**把共创做实**。

经过大半年的数字化共学共创，对 9000 多名广联达人来说，数字化不再是抽象的概念，而是已有设计思路、工作方法、实施方案、参考案例，可学习、可复制的系统框架。

亚马逊的核心理念，尤其是**痴迷客户、永不满足、聚焦于因、倒逼机制、根本原因根本解、始终创业的 Day 1 精神**，也随之深深地印在了每个广联达人心里。

2021 年，全员共学的是《华为·数字化转型必修课》，聚焦学习传统企业如何转型升级为数字化企业。比起像亚马逊这样的数字原生企业，传统企业的数字化转型升级更加艰巨，更需要全局思考，分步实施，有节奏、有层级地推进。

这一年，广联达的"共学共创"继续创新：**从之前的共学一本书变成了共学一门课**——在得到 app 上学习《华为·数字化转型必修课》。这门课的主讲人陶景文是华为公司董事、首席信息官、首席知识官，也是华为数字化转型的主导者。这是华为首次全面公开分享其在数字化转型方面的经验教训，课程内容可谓是华为智慧经验的集中呈现，是传统企业数字化转型的绝佳参考。

此外，在前两年共学共创的基础上，这一年的活动安排得更为紧凑，**更加强调"破界创新，学以致用"**。三个阶段的安排如下：第一阶段，共学，为期两个月，目标是保证每位员工学完课程；第二阶段，共创，为期一个半月，员工目标是保证每位员工提交一份学习心得，部门目标是组织一次研讨会，并结合部门工作提交一份数字化转型方案；第三阶段，共思，为期半个月，目标是结合实践提交数字化转型案例，申报数字化转型奖项，表彰并推广优秀案例。

数据显示，短短4个月，广联达一共有7386位小伙伴学完了这门课，完课率超过90%，人均学习时长达到了270分钟。**全量全要素的连接、瞄准企业一线作战部队的需求、数字化转型必须一把手干**等关键要点，深入人心。

共学之后的共创及共思，各个事业群（Business Group，BG）、各个职能条线的一把手都亲自下场，亲自带队，对数字化的顶层设计、目标制定、推动方法，以及必要的组织调整，进行了系统性的思考与共创，制定了各自的数字化转型方案，开启了相应的数字化转型实践。

经过3年的共学共创，广联达全员普遍对数字化建立了概念，升级了认知，公司达到了预期的普及概念、转变认知和营造氛围的目的。

广联达战略规划的节奏是"看九年，想三年，做一年"。广联达的二次创业期是2017～2025年，其中，2022年是"八三"战略的收官之年，也是"九三"战略规划初版的发布之年，是广联达二次创业最为关键的时期，特别需要全员坚定信心，实现从认知到实践的跨越。

基于这样的战略目的，**2022年共学共创的学习对象是Salesforce**——一家创立于1999年3月、收入超200亿美元、市值过千亿美元的平台型软件标杆企业。

这一年的共学共创有两大特色。

一是学习策略。按需学习，少添负担，重在实践。鼓励大家根据个人需求，选择自己最需要的或与自身岗位工作相关性最高的课程学习，不求全求多，不增加过多负担，重在思考如何与自身工作相结合，对课程内容进行改进或创新后，付诸实践，学以致用。

二是高管上阵。《Salesforce 企业解析与学习》的线上课程完全由广联达高管亲自开发并讲授，其中不仅有对 Salesforce 商业模式发展及演进过程的系统性解析，还有针对产研、投资、财务和全球化等重点领域更为详细的深度拆解。

广联达的高管们是怎样成为 Salesforce 研究专家的呢？这就要谈到广联达认知升级的第二个抓手即面向核心团队的高管研学了。

面向核心团队的高管研学

刁志中经常说，企业不可能赚到认知以外的钱，**企业创始人和核心团队的认知决定了企业发展的天花板**。要打破认知天花板，唯有持续的学习，外学标杆，内做复盘。

于是，从 2020 年开始，广联达针对核心团队启动了"高管研学"项目，深入、系统地学习和研究软件行业及其他领域的**数字化和数字化转型标杆企业**。

2020 年的研学对象是新奥和特斯拉，2021 年是贝壳和 Salesforce，

2022年是SAP。这里将以新奥、贝壳和Salesforce为例，介绍广联达核心团队在学习过程中的心得收获，及其在学完之后是如何学以致用的。

新奥集团是中国天然气分销领域的行业龙头，从2014年就开始做数字化发展战略。

最初引起刁志中关注的，不仅是作为传统企业优秀代表的新奥在数字化转型方面的成功，更重要的是新奥创始人、董事长王玉锁的灵魂三问。

当时，新奥在几年间拿下了数十座城市的燃气经营权，在香港上了市（2001年），形势一片大好。但王玉锁却从繁花似锦中看到了危机：一旦上游气源出现问题，新奥将受到致命打击。只有进军上游，未来才有出路。

2004年，在年收入25亿元的情况下，王玉锁决定投资21亿元进军上游。"一石激起千层浪"，新奥内部产生了很大的争议，王玉锁甚至收到了员工信，要求他停止这样的"自杀"行为。

为此，王玉锁专门召开了一次高管会，在会上提出了关乎新奥兴衰存亡的"灵魂三问"："随时可能受到资源制约的新奥，10年之后卖什么？处于公用事业领域、没有自主品牌的新奥，20年以后是什么？30年经营权合同到期后，新奥干什么？"大家沉默了5分钟后，通过了这项将改变新奥命运的重大决策。

这三个问题令刁志中深受触动，这让他想起了自己为什么要在广联达已稳居中国工程造价软件行业龙头地位的大好形势下，毅然选择带领广联达走上了二次创业的艰难征程，投身于推动建筑行业数字化转型升级的历史大潮。

在深度学习新奥的过程中，最令广联达高管团队深受启发和震撼的有三点。

一是灵魂三问。王玉锁的这三个问题，让大家开始深入思考更为长远的未来，这个过程让大家对企业数字化转型及行业数字化升级的必然性及必要性更加确定。

二是反求诸己。在与新奥核心团队交流的过程中，谈到广联达正在推进的数字化转型，有位新奥老总看着大家，十分郑重地说："转型最大的阻力，就是在座的诸位。"

真是一语惊醒梦中人。这句话，让大家瞬间受到了极大的震撼，让大家开始深刻反思，自己究竟是企业发展的动力还是阻力，自己究竟该做什么、怎么做，才能成为真正的动力，才能有效地推动广联达的数字化转型，引领建筑行业的数字化升级。

三是抓住不变的本质。新奥有句话，"透过变化看趋势，透过趋势看本质"，这与亚马逊创始人贝佐斯反复强调的"未来十年什么是不变的"有异曲同工之妙。

那么，对于建筑企业，什么是不变的呢？那就是建筑企业的最小经营单元——建筑项目。只要抓住了建筑项目，把每个项目做好，建筑企业就做好了，建筑行业也必将随之有巨大的改观。**广联达二次创业的新使命"让每一个工程项目成功"，正是抓住了建筑企业这个不变的本质。**

广联达向来提倡"有用的学习",学习标杆时总是带着自身的问题,这样学习时更有针对性,学后更能学以致用。认知升级的目的,是为了更好地指导实践。

2021年的高管研学之所以选择贝壳和Salesforce,是要回答一个更为宏大的战略问题:究竟什么样的企业才能成为支撑行业数字化转型的平台型企业呢?

贝壳脱胎于链家——一家传统的房地产经纪公司,从服务自身地产经纪业务的IT系统开始,逐渐升级演化为支撑地产经纪行业的数字化平台。

已故企业家、链家创始人、贝壳创始人左晖及贝壳核心团队的创业经历和经营智慧,给广联达核心团队带来了很多启发。其中对广联达影响最深刻的有四点。

一是要有正确的价值观。作为支撑行业的平台型企业,必须要有利他之心,必须保持克制,有所为而有所不为,不能利用自己的平台地位榨取使用平台的终端消费者,克扣依托平台的生态合作伙伴。

二是要做难而正确的事。既然想建设行业数字化的基础设施,平台型企业就要着眼长远,就要耐得住寂寞、扛得住冷落,对行业基础设施进行长期投入。比如贝壳从2008年开始,历时十多年逐步积累、迭代、完善了"楼盘字典"。

三是要为行业创造增量。作为支撑行业数字化转型的平台,不仅要为所有参与者创造价值,而且要为整个行业创造价值增益。如果仅仅追求存量价值的重新分配，难免会陷入零和博弈。每到艰难抉择时，左晖都会问自己，如果这么做，那么这个行业会不会因为我而变得好一点。行业平台必须有助于整个行业的健康发展。

四是要提升服务水平关键在于缩小方差。贝壳认为，提升服务水平的核心在于，降低"差的服务"出现的概率，即通过缩小方差的方式，提升均值。为此，必须做好标准化的流程设计、科学化的精细管理（用数据说话）、数字化的支撑平台（用数字化倒逼标准流程的规范化执行）。

这样洞穿本质的思考，这样极具系统性的解法，对于同样依赖人工作业，同样深受"方差大、均值低"困扰的建筑行业，同样适用。

Salesforce是全球云原生软件服务的开山鼻祖，几乎以一己之力开创了SaaS（Software-as-a-Service，软件即服务）新时代。经过20多年的发展，Salesforce已成为全球软件及企业服务行业首屈一指的领跑者。Salesforce的经营方式令广联达受益最多的有三点。

一是客户成功。SaaS与传统的套装软件相比，核心差异在于收费模式。传统套装软件是一次性买断，这样的收费模式导致软件厂商并不关心客户上线后的使用情况及效果。毕竟大头都收了，大不了维保费不要了。

SaaS的收费模式则恰恰相反，客户从一次性买断，改为每年支付相比一次性买断低得多的服务费。这样的收费模式倒逼着

SaaS 厂商必须高度关注客户上线后的使用情况及效果，必须以"客户成功"为纲，否则客户就不会续费。没有续费，单靠第一年的服务费，SaaS 模式是不可能赚钱的。这就是 SaaS 相比传统套装软件的强大"体制优势"。

Salesforce 不仅在全球开创了 SaaS 模式，而且还将聚焦客户成功的理念做到了极致：它制定了系统性的"客户成功指标体系"，并将之内嵌到产品中，以此指导客户服务、产品迭代及经营管理。

二是开放共赢。作为平台型企业，Salesforce 长期坚持多方共赢，在理念上强调"客户赢，伙伴赢，我们赢"，并落实到行动上，进行大量的赋能伙伴与客户成长的工作。而且，在具体客户项目中，Salesforce 也不会跟生态伙伴争主导地位，即便自身收入在整体项目收入中仅占小头，也乐见其成。

三是持续进化。Salesforce 最早从 CRM 单点切入，通过持续的收购与自研，逐步打造出了覆盖销售服务全流程的"四朵云"（即销售云、客服云、营销云和电商云）；通过有针对性的垂直行业解决方案，进一步深化了市场渗透，实现了对主要行业的各大客户的全面覆盖；又通过强大的 PaaS（Platform-as-a-Service，平台即服务）平台，构建开放生态，不仅能集成接入各式第三方应用，与三方生态伙伴一起为客户提供更加全面的"平台＋组件＋生态"一站式解决方案及服务，还能以支撑多种编程语言的低代码开发平台，让客户及三方的开发人员根据各自需要创建新的应用程序，实现更灵活、更敏捷、更低成本的定制开发服务。

Salesforce 在这条前无古人的路上探索了二十年。如今，这已成为新一代软件及企业服务领域数字化平台型企业发展壮大的必经之路。

广联达的战略方向与路径规划与 Salesforce 不谋而合：一次创业时，从工程造价软件这一单点切入建筑行业；在二次创业时，从项目全要素、全过程、全参与方的视角，以"平台＋组件"的方式，构建项目层的"智能项目管理平台"，帮助每个建筑项目成功；从企业系统性数字化的角度，以"平台＋生态"的方式，与兄弟部门，与生态伙伴，与客户各层级、各条线及内外部伙伴紧密合作，助力每家建筑企业实现数字化转型升级。这更加坚定了广联达的**"道路自信"**。

除了每年的高管研学，广联达还通过常年参加国际行业峰会、与国内外顶级高校合作、参与海外建筑行业前瞻投资基金，以及大力投入海外业务布局及市场拓展、在行业要求更严苛的国际市场上持续打磨产品和服务等方式，系统性地追踪全球尖端技术的前沿突破和全球建筑行业数字化的最新动态。既要缩小差距，更要实现超越。

2022 年，为更好地配合战略规划的节奏，广联达把面向全体员工的共学共创和面向核心团队的高管研学以**"两年三步走"**的**方式进行了"合拢"**，实现了系统性更强的组织认知升级方法论。

- 第一步，第一年上半年，由核心团队带着具体的战略问题，开展对标企业的高管研学。
- 第二步，第一年下半年，将高管研学过程中对具体战略问题的深度思考和认知升级，落到第二年的战略规划中。
- 第三步，第二年的共学共创，全员学习前一年的高管研学对标企业，并由高管亲自授课，通过"教"倒逼"学"的深化，通过全员的"学"推动"用",助力战略规划更好地宣传与落地。

聚焦学以致用的持续迭代

认知升级是为了更好地指导行动。广联达通过四年的共学共创和高管研学,以及同步进行的数字化转型探索,通过学以致用的自我拷问,从实践到认识,到再实践、再认识的持续迭代,逐步形成了系统性的数字化转型的核心理念和方法论。

在此,沿着广联达核心团队曾深度研讨过的三个关键问题,简要地介绍下他们在企业及行业数字化转型方面的核心理念和方法论。

关键问题 1:究竟什么样的企业才能成为支撑行业数字化转型的平台型企业?

广联达的思考是,能成为支撑行业数字化转型的平台型企业必须**兼具软实力和硬实力**。

软实力指的是,平台企业必须长期坚持利他主义,以客户为中心,以客户成功为己任,保持开放,构建生态,与多方伙伴开展合作,实现共赢。

为此,广联达在 2020 ~ 2021 年进行了多轮价值观研讨与迭代,通过深入组织调研、广泛征求意见、汲取对标企业最佳实践,以及自上而下与自下而上相结合、前后参与人数累计 9000 多人的九轮研讨与共创,最终形成了**北 G 星**[1]**3.0**,即广联达核心

---

1 北 G 星与北极星谐音,代表永远指引正确的方向;G 是广联达的英文名 Glodon 的首字母,代表广联达的价值观。

价值观3.0：客户成功、开放共赢、诚信正直、学习成长、同一个广联达以及始终创业（见图6-1）。

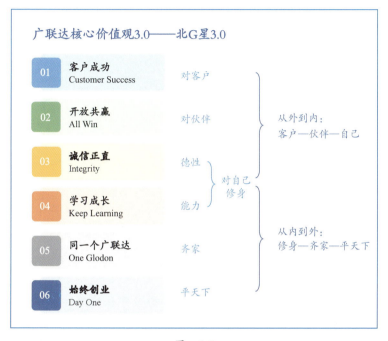

图 6-1

这六条价值观，前半部分的逻辑是从外到内的，指导大家该怎么对客户（客户成功）、对伙伴（开放共赢）、对自己（诚信正直）；后半部分的逻辑是从内到外的，指导大家应怎样提升自己（诚信正直和学习成长，即修身），怎样建设组织（同一个广联达，即齐家），怎样服务行业（始终创业，即平天下）。

为了帮助大家理解与践行，每一条价值观都有具体的内涵解析以及明确的行为标准，做到可落地、可观察、可验证。

硬实力指的是，平台型企业必须有能力做到三件事：一是为行业绘蓝图，以超越行业的领先认知引领行业未来的发展；二是为行业定标准，以行业内外领先的最佳实践为基础，制定行业升级的公认标准；三是为行业创增值，通过"平台＋生态"的方式帮助客户成功，为行业创造价值增益。

只有兼具利他主义的软实力与能够引领行业未来的发展、为行业制定升级的公认标准、为行业创造价值增益的硬实力，一家企业才有可能成为支撑行业数字化转型的平台型企业。

正如德鲁克所说，企业的成果不在企业之内，而在企业之外。既然广联达的二次创业选择了承担推动整个建筑行业数字化转型的历史使命，既然广联达立志要成为全球数字建筑平台服务商领导者，就要具备这样的气度与胸怀，就要时时刻刻以这样的最高标准要求自己。唯有诚意、正心，方可修身、齐家、平天下。

关键问题 2：广联达应制定什么样的数字化战略才能不负历史使命，取得二次创业的成功？

广联达的数字化战略，整体上来说就是"**双螺旋战略**"。

从外部视角看，广联达要站在推动整个建筑行业数字化转型的战略高度，通过数字建筑的行业平台，以"平台＋生态"的模式，帮助建筑企业实现数字化转型；从内部视角看，广联达更要从自身做起，通过数字广联达的内部平台，做好自身的数字化转型。

数字建筑的战略目标是驱动建筑行业的转型升级；数字广联达的战略目标是驱动广联达的转型升级，更好地支撑数字建筑战略的落地实现。

之所以将广联达的数字化战略称为"双螺旋战略"（见图 6-2），是因为外部战略会牵引内部战略，自身建设的经验同样也可以赋能行业客户，两者是相互作用、相互补充、相互驱动的有机整体，有着共同的终极目标——客户成功，行业升级。

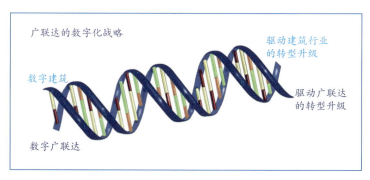

图　6-2

关键问题 3：广联达应制定什么样的指标体系，才能确保数字化战略在落地过程中不跑偏、不变形？

怎样才能把自身的数字化转型（数字广联达）与行业的数字化升级（数字建筑）有机结合起来，确保方向不跑偏，动作不变形呢？广联达在"双螺旋战略"两根链条之间构建的连接纽带是**客户成功指标体系**。

要用客户成功指标体系牵引直接服务客户的前台部门，如研发部门、营销部门和服务部门等，制定相应的支撑指标，再通过前台部门的支撑指标牵引中后台部门，如财务部门、人力部门和供应链部门等，制定相应的服务指标。这些指标层层分解、层层支撑，又会牵引整体流程的改进和完善，继而落到对内部数字化平台的建设与迭代，从而持续提升数字广联达的核心能力。数据驱动的客户成功指标体系还能通过快速反馈加速广联达的优化迭代。

通过客户成功指标体系，广联达希望达到三个目的：第一，确保广联达与客户目标一致，切实帮助客户把数字化工具、系统及平台用起来，真正做到为客户创造真正的价值增益；第二，驱动快速反馈与迭代，帮助广联达先于客户发现业务及管理问题，并带着切实可行的解决方案及具体建议，主动找到客户，第一时间解决问题，并快速迭代产品、解决方案及最佳实践指导，尽可能让其他客户不必受同样问题的困扰；第三，确保中后台部门也都能遵循同样的逻辑，找到对应的内部客户及客户成功指标，而不是凭惯性、拍脑袋给自己定目标，让组织上下利出一孔。

这些构建在坚实的组织认知和组织共识基础上的核心理念和方法论，已成为广联达推动自身数字化转型、引领行业数字化升级的强大支撑。

广联达推动组织数字化认知升级的实战案例想必会让大家感触良多，其中有三个启发可以供大家参考和借鉴。

一是认知升级的必要性。

竞争在本质上是认知的竞争。没有正确的数字化理念指引，很难找准企业数字化转型的方向、路径及方法；没有组织认知的共识基础，很难确保核心团队团结一致，全体员工上下同心，一起走好数字化转型这条难而正确的道路。对此，一把手一定要高度重视，亲力亲为。

二是认知升级的持续性。

改变思想和转变理念是困难的。过去的经验越丰富，历史的战绩越辉煌，思维的惯性就越大，改变的难度也越大。更何况，认知升级需要由浅入深，需要经历由认识到实践，到再认识的迭代过程。广联达也是用了近四年的时间，才基本形成了组织的共识和共振。对此，一把手一定要保持耐心，坚持不懈。

三是认知升级的系统性。

认知升级的目的不是"自嗨"，而是更好地指导实践。在认知升级的过程中，千万不能"东一榔头西一棒槌"，一定要坚持学以致用，不断地通过实践检验认知、加深认知、迭代认知。实践是检验真理的唯一方法，也是找到真正适合自身的数字化转型道路的唯一方法。对此，一把手一定要做好引导，真学真做。

本章小结

读到这里，关于数字化及数字化转型，关于如何建立系统性数字化思维，你的认知有了哪些刷新？

建筑企业领导者在推动数字化转型过程中，在认知升级方面，需要把握**四个关键问题**，在此为你小结一下。

数字化的本质是什么？ 是三要素：数据、连接和算法。

数据是数字化的根，连接是数字化的脉，算法是数字化的魂。建筑企业要想破解"黑盒子"，构建透明、高效、持续进化的"数立方"，真正发挥出数字化的系统性能力，数据、连接和算法，一个都不能少。

数字化转型的本质是什么？ 是系统性重塑。

建筑企业要想成功实现数字化转型，必须秉承系统性思维，做好三件事——认知升级、业务升级和组织升级，实现系统性重塑，提升对当期经营的掌控力和对制胜未来的拓展力，实现高质量发展。

数字化转型为什么应该是，也只能是一把手工程？

正因为对建筑企业来说，数字化转型是系统性重塑，是关乎企业未来兴衰存亡的根本大计，所以数字化转型不仅"应该是"，也"只能是"一把手工程，而且一把手还可以"乐于是"领导企业数字化转型的一号位。

数字化该怎么学，如何推动组织认知升级？

建筑企业的一把手要充分认识到组织认知升级的必要性、持续性及系统性，要带领核心团队做好表率，亲力亲为，真学真做，共学共创。正如广联达实战案例所示，共学的过程，就是升级认知的过程；共创的过程，就是构建共识的过程；共思的过程，就是探索适合自身的数字化转型的核心理念和方法论的过程。

数字化转型不仅是建筑企业系统性重塑的历史机遇，更是我们每个建筑人系统性刷新的历史机遇。没有认知基础，没有共识支撑，数字化转型注定是无本之木、无源之水，热闹一阵之后，必将不了了之。对此，建筑企业的领导者一定要高度重视，时刻牢记：**数字化转型的第一步，是认知升级。**

做好了认知升级，建立了正确的系统性数字化思维，企业该如何推动业务升级，驾驭好先进的数字化生产力呢？我们下一章见。

| 第七章 |

业务升级，驾驭数字化生产力

要想借助数字化重塑业务，真正驾驭好数字化生产力，建筑企业领导者在推动数字化转型的过程中，必须把握好四个重要行动：第一，看清阶段，面对现实；第二，制定战略，明确目标；第三，规划路径，把握节奏；第四，找准切入点，建立信心。

数字化转型，道阻且长。如果脱离现实，不顾数据基础，试图一蹴而就，就很容易犯"急于求成"的错误；如果战略不清晰，数字化没有与业务深度融合，没有有力支撑管理决策，就容易陷入"业务与技术'两张皮'"的窘境；如果没有把握好节奏，没有找准切入点，就很容易让大家失去对数字化及数字化转型的信心和耐心，很可能重蹈有些企业"大干快上，有始无终"的覆辙。

下面，让我们结合建筑行业的实战案例，一起探索这四个重要行动的思考框架、制定方法及关键要点。

看清阶段，面对现实

建筑企业的数字化转型是一个带领企业转型升级，逐步走向数字化的彼岸，系统性提升掌控力和拓展力，增强发展韧性，实现高质量发展的过程。奔赴彼岸的起点，是清楚地知道现在身在何处，基础如何。对此，一定要实事求是，绝不能自欺欺人。

虽然每家企业的情况不尽相同，但在制定战略之前，都要先下功夫了解现状，分析企业当前的数字化基础。就像陕西建工，在制定针对"十四五"的战略规划时，就花了整整六周的时间进行深入调研，用了四种调研方法，回收了近百份问卷，进行了逾百场访谈，梳理了近千条问题及需求，尽一切可能做到客观务实。

作为企业领导者，通常没有时间和精力全程参与具体的调研工作。那么除了听汇报，还能怎样**快速把握**企业当前的数字化成熟度，做到心中有数呢？

如何判断企业当前的数字化成熟度

数据是数字化的根，是数字化的基础。从数据入手，就能快速洞察，有效判断。我们在 Gartner 的企业数据及分析评估方法的基础上，设计完善了**"企业数字化成熟度的五级分类"**的思考框架，供大家参考。

第一级：数据孤岛。其典型特征有：

- 数据管理分散，且基本没有得到利用。
- 各方数据经常对不上，经常需要辩论究竟谁的数据是对的。
- 企业跨职能或层级的数据分享通常只能以 Excel 表格的形式实现。

第二级：局部利用。其典型特征有：

- 掌握数据的相关部门内部开始重视数据质量，并通过数据分析驱动本部门工作提质增效。
- IT 部门试图在各职能、各层级及各系统间拉通对齐，但阻力很大，进展很小。
- 企业开始制定数字化战略，但技术与业务还是"两张皮"。

第三级：系统性拉通。其典型特征有：

- 各职能、各层级及各系统间基本做到了数据对齐，可以拉通整合为主数据源。
- 业务领导者开始担当领导数字化转型的一号位，将数据整合及利用融入日常业务。
- 业务战略与数字化工作深度咬合，数据驱动的敏捷组织开始现雏形。

第四级：数字化系统成效显现。其典型特征有：

- 业务数字化，能通过数据拉通分析业务全过程及投入产出。
- 管理数字化，能通过数据分析驱动绩效管理、组织协同和业务创新。
- 能力数字化，能通过数据挖掘总结最佳实践，提炼经验教训，并积极推广成功经验。

第五级：数字化转型升级初步完成。其典型特征有：

- 数据与业务充分融合，影响重大投资决策。
- 引入外部数据，倒逼业务持续提升，管理持续提效，加速迭代创新。
- 支撑战略落地，提升全局掌控，助力业务拓展，成为决定战略成败的关键要素。

对照上述五级分类，不妨扪心自问，自家企业现在正处于哪一级。或许具体分级还有待商榷，或许核心团队还不能完全达成共识，但有一点应该基本不存在争议，那就是，大家的企业目前大概率还都没有达到第四级至第五级的高级阶段。

这并非个别建筑企业的现实，而是整个行业的现实。正如第一章提到的"中国建造 2035 战略研究"项目的牵头人丁烈云院士分析判断的那样："虽然中国建筑行业产生的数据量极大，但真正存储下来的数据仅为北美的 7%。而且，这些少数存储下来的工程数据，大多以散乱的文件形式散落在档案柜和硬盘中，真正的工程数据利用率不到 0.4%。"因此，**从整体来看，建筑行业的数据基础还是相当薄弱的。**

在我们了解和接触过的大量建筑企业中，只有极个别在数字化转型方面比较领先的先锋企业，目前已处于"系统性拉通"的第三级；大部分有一定 IT 基础的大中型企业及国企、央企的二级单位，正处于"局部利用"的第二级；各种类型、数量众多的中小建筑企业，以及各级分包及施工队伍，其中不少恐怕连"数据孤岛"的第一级都还没有达到。

如此薄弱的数据基础对建筑企业的数字化转型意味着什么呢？

夯实数据基础最不出彩，但最该为之喝彩

志在引领数字化转型的企业领导者，要敢于直面企业数据基础薄弱的现实。

既然企业还处于**"数字化初级阶段"**（数字化成熟度在第一级到第二级之间），就要面对数据孤岛、局部利用的现实，踏踏实实，勤勤恳恳，从夯实数据基础做起，持续向系统性拉通迈进。没有坚实的数据基础，智慧大屏只是表面光鲜的"玻璃盖板"，谈不上是人工智能，企业

也不可能一步登天迈进智能建筑的新纪元。

其实，大家都知道数据基础的重要性，但是落到实际行动上，**为什么数据基础工作容易被忽略，甚至被有意回避呢？**

一是因为，夯实数据基础最不出彩。夯实数据基础是典型的"脏活、累活"，貌似没什么技术含量，但其实极其需要业务经验及系统思考，难度很高，同时又极其细致琐碎，工作量很大。

二是因为，要夯实数据基础必须得啃硬骨头。比难度高、工作量大更可怕的是，站在企业全局层面夯实数据基础，就不可避免地要直接面对厚重的部门墙：为什么跟你分享数据？谁负责信息安全？凭什么要按你的要求调整既定的数据定义、口径、采集及校验方式？对专业领域的专业判断，究竟该听谁的？

如果没有一把手和核心团队的底层认知和坚定共识，没有过程中的坚定支持和大力倡导，这些从四面八方汹涌而来的问题，对任何人来说都是难以招架的。这些问题就是数字化转型中不能逃避的深水区问题的典型代表，是必须得啃的硬骨头。

对此，一把手一定要高度重视，核心团队一定要团结一致，一定要从企业数字化成熟度的实际情况出发，不能被表面现象迷惑，不能被各种新名词忽悠，更不能被各种深水区问题吓倒。

要始终牢记，数据是数字化的根。 夯实数据基础虽然最不出彩，但恰恰最该为之喝彩。

****

建筑企业推动数字化转型如果不顾数据基础，试图一蹴而就，很容易犯"急于求成"的错误。

需要特别强调的是，夯实数据基础并不意味着"推倒重来"，不是以前的系统都不能用了，都得用新的系统替代，而是要通过拉通对齐各个职能条线、各个组织层级以及各个信息系统之间的数据定义、口径、采集及校验方式等，解决业务割裂、组织割裂和系统割裂问题，连接数据孤岛，打造能有力支撑企业整体经营管理的坚实数据基础。

下面我们结合上海宝冶的实战案例，深入地了解它构建数据基础的艰辛历程，看看它是如何通过规范信息编码体系，纵向打通组织层级，横向拉通职能条线，最终实现核心数据的互联互通的。

建筑企业数字化转型实战案例系列

上海宝冶：如何实现核心数据的互联互通

上海宝冶成立于1954年，是冶金建设的排头兵，先后承建了武钢、攀钢、宝钢、鞍钢等产业基地，为我国钢铁工业的发展做出了巨大的贡献。

自获得房屋建筑施工总承包特级资质以来，上海宝冶不仅在业务规模上实现了量级性的突破，成功跻身"千亿俱乐部"，还先后斩获了多项中国建筑行业最高荣誉"鲁班奖"，以令人惊叹的实力及速度冲进了"中国建筑业竞争力百强企业"。

从"冶金建设国家队"到"城市建设主力军"，再到"十四五"规划期间提出的"基础设施领跑者"，背后是上海宝冶对时代脉搏的精准把握。

作为较早接受信息化、数字化理念的先锋企业，上海宝冶很早就开始了持续探索。它最早是从支撑单业态的信息化系统做起的，如 2006 年的财务系统、2008 年的供应链系统、2010 年的协同办公 OA 系统等，这些信息化系统对规范业务操作、提升工作效率起到了较好的推动作用。但随着业务类型的不断丰富，业务规模的不断扩大，对精细化管理需求的不断提升，单业态的信息化系统开始变得有些支撑力不足。

2015～2016 年，恰逢"三五"规划收官及"四五"规划启动，上海宝冶提出要打造**"数字宝冶"**，希望通过一体化信息协同系统，**拉通对齐各层级、各条线的数据信息**（见图 7-1），改变粗放式管理的现状，在企业和项目层面实现真正的精细化管理的愿景。

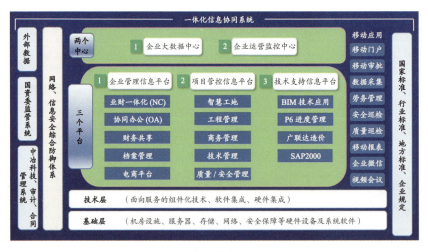

图 7-1

理想丰满，现实骨感。之后的五年探索，可谓是一路风雨，一个个难题接踵而来。

如果一个平台搞不定怎么办

跟很多企业一样,上海宝冶当初畅想得很美好,认为最终会成功建立一个平台,通过这个平台解决诸如部门墙等所有问题。

"实践是检验真理的唯一标准",实践中的反思和纠偏弥足珍贵。每家企业都有大大小小的各级组织、各个条线和各个部门,且多多少少地都有各种系统。在落地过程中,上海宝冶发现,"大一统"的方式过于理想化,单靠一个平台确实搞不定。这该怎么办呢?

一个平台只是形式,数据拉通才是实质。能否改变思路,聚焦实质问题,在现有组织架构及信息系统的基础上,实现组织与系统间的互联互通呢?

沿着这个思路,上海宝冶的总工程师亲自上阵,组织各个相关部门,经过近10个月的调研、分析、设计及优化,推出了《**上海宝冶信息分类编码体系(1.0 版)**》(见图7-2),从组织和组织架构规范化与信息编码体系标准化两个维度,推动数据信息的互联互通。

在组织和组织架构规范化方面,上海宝冶对组织从上至下进行了**四级分层**,并用四个字段编码,四个字段分别代表每个相关主体所属的业务单元、二级部门、三级作业流水号、四级作业流水号,层层拆解,清清楚楚。

在信息编码体系标准化方面,上海宝冶参照国家级标准,依据企业经营的实际情况,本着"规范性、唯一性、实用性及扩展性"的原则,将所有的信息按类别及属性,进行了**三级分类**,并划分了12个大类、29个中类及107个小类，制定了完整的信息编码体系。

图 7-2

各方数据对不上怎么办

有了信息编码体系，的确实现了不同组织、不同系统之间的信息互联，但还没有实现信息互通，尤其是相互间数据对不上的难题还没真正解决。

正如第三章在"业务与组织脱节"这一节中谈到的那样，关于企业经营最基本的当月收入、成本及现金流，财务、商务和生产部门很可能会给出三套不同的数字。这是因为每个职能条线都有依据自己专业的相互不同的确认原则：财务部门依据的是权责发生制，商务部门采取的是客户确认制，生产部门用的是现场统计制。

上海宝冶遇到的实际情况是，在混凝土施工过程中，某一层楼板的钢筋已经全部绑完了，而混凝土只浇了一半。根据总包合同约定，已完成混凝土浇筑的部分可以进行结算，未完成的不行；但与分包队伍结算时，要根据分包合同约定，按现场统计的绑完的钢筋情况进行结算，无论混凝土是否浇完。

在业务与财务割裂的情况下，数据肯定对不上、打不通。这又该怎么办呢？

上海宝冶的解题思路是"业财一体化"。通过在企业层面**细化财务数据与业务实际的对接**（比如细化财务资金管理、人力资源管理、商务合同管理、供应链管理等），夯实业务及财务的交互基础，推动核心数据的互联互通。

数据没有扎下根怎么办

企业层面的业财一体化对核心数据的对接拉通的确有帮助，但运行了一段时间后，总觉得有层窗户纸没捅破：横向拉通的业财数据似乎没有向下扎根，没有触及企业经营的根本——项目。这个根本性问题，又该怎么解决呢？

2018年，上海宝冶进行了系统性的复盘，全面梳理了这些年来信息化、数字化建设的整体情况。它发现，虽然沿着各职能条线在企业层面完成了多个系统的建设，但没有做到向下扎根，没有在项目层面找到有效抓手，没有解决手工统计数据无法确保准确性、完整性和及时性的问题，没有解决业务与组织脱节、战略与执行脱节的问题。

经过近一年的深入调研、细致规划、伙伴遴选，以及与数字化生态伙伴的研讨共创，上海宝冶确定了极具创造性的**"聚焦项目，双向打通"**的破局思路，并于2019年启动了**项目管控信息平台**的建设（见图7-3）。

这一次，上海宝冶通过**"聚焦项目"**，通过数字化软硬件数据集成，覆盖了工程项目建设的全周期计划，并对计划完成情况进行跟进，实现了项目现场核心数据的自动采集及智能分析，做到了关键业务环节的动态监控及项目现场管理的实时可控；通过**"纵向打通"** 项目层、分子公司和集团总部的三级数据，实现了向上汇总、向下追溯的三级管控体系，做到了"项企一体化"；通过**"横向拉通"** 各条线、各部门间的业务协同、流程互通和数据互通，拉通了企业层面的财务系统、共享服务系统、电商平台及OA系统等，汇集了项目层面的现场管理数据、生产经营数据及商务、财务数据，打破了部门墙，做到了项目及企业层面的"业财一体化"。

随着2020年项目管控信息平台的上线及运行，上海宝冶开始通过项目现场核心数据的自动采集及智能分析，支撑项目层的生产高效可控和企业层的科学指挥决策，推动项目及企业的精细化管理。

有了项目管控信息平台，上海宝冶有了**攻克"高、大、深"**（高，超高层、地标性；大，体量大、城市综合体；深，技术含量高、基础深）**工程的秘密武器**，先后成功建设了国家雪车雪橇中心、亚运射击射箭现代五项馆、上海迪士尼明日世界、北京环球影城变形金刚主题区等重点工程项目。

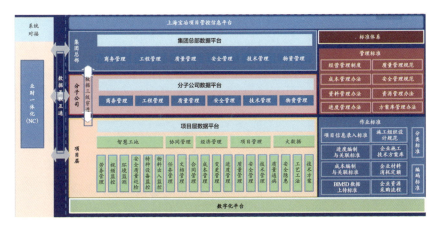

图 7-3

经过六年的努力,克服重重的困难,通过组织和组织架构的规范化、信息分类编码体系的标准化,聚焦项目的智能数据集成、纵向打通的项企一体化、横向拉通的项目及企业的业财一体化,上海宝冶才真正实现了"**核心数据的互联互通**",夯实了数字化的**基础**。

希望上海宝冶的探索与实践,对大家有启发、有帮助。

制定战略,明确目标

建筑企业领导者都是企业战略专家,每家企业都有自己的方法论。因此,关于数字化战略的制定,本书将聚焦四个需要一把手及核心团队重点把握的"**关键要点**",提醒大家注意。

数字化转型的战略意图

建筑企业推动数字化转型,不是要专精数字技术,不是要改行做软件，不是非得什么都自己做，而是要通过**系统性重塑**，破解"黑盒子"，构建"数立方"，系统性地提升对当期经营的掌控力和对制胜未来的拓展力，增强企业在不确定性时代的发展韧性，实现高质量发展，打造透明、高效、持续进化的"**数字化建筑企业**"（见图7-4）。

这是绝大部分建筑企业进行数字化转型的出发点，也是战略制定的基本点，建筑企业领导者要帮助大家形成共识，并在过程中持续纠偏。不能做着做着，就做成了单打独斗；不能搞着搞着，就搞出了上百个项目、上千个团队，又是开发系统软件，又是研发智能硬件，貌似忙得热火朝天，实则大多是"自嗨"，是浪费。

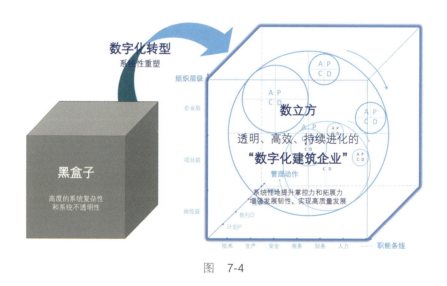

图 7-4

数字化转型的战略定位

根据上述战略意图，数字化转型的战略定位也就明确了，就是**赋能业务**。

数字化必须聚焦主营业务，必须有力支撑业务发展，必须服务于数字化转型的战略意图，真正为企业创造价值。绝不能为技术而技术，绝不能把技术和业务做成"两张皮"。

数字化转型战略与业务战略应当是个有机整体。就像《华为数字化转型之道》一书所倡导的那样，清晰的业务战略是数字化转型的龙头，要用业务战略牵引数字化转型战略的制定，要用数字化转型战略支撑业务战略的达成。

对于建筑企业，需要特别强调的是，这种业务战略对数字化转型战略的牵引，必须是系统性牵引；数字化转型战略对业务战略的支撑，也应当是系统性支撑（见图 7-5）。否则，数字化转型就容易退化成点状的、线性的局部优化，无法真正破解"黑盒子"，构建透明、高效、持续进化的"数立方"（详见第五章）。

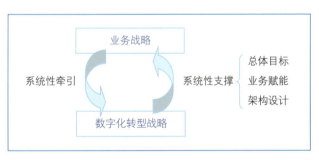

图 7-5

具体而言，业务战略与数字化转型战略之间的**系统性牵引及支撑**，至少应在以下三方面有所体现：

- **总体目标：**数字化转型要以"业务战略"为中心，系统性地提升企业的掌控力和拓展力，增强发展韧性，实现高质量发展，打造透明、高效、持续进化的"数字化建筑企业"。

- **业务赋能：** 数字化转型要从"业务需求"出发，系统性地重新梳理各个组织层级和职能条线的业务难点和管理痛点，根据业务的实际需要、组织的权责分工，更有系统性地做好数据拉通对齐，更有针对性地在工序级、岗位层、项目层及企业层，提供更好的作业、管理和决策支持服务。
- **架构设计：** 数字化转型要从"业务架构"出发，系统性地重新优化企业的应用架构、集成架构、数据架构、技术架构及治理架构，重新规划数字化系统平台的搭建。

数字化转型的战略目标

业务战略对数字化转型战略的系统性牵引及数字化转型战略对业务战略的系统性支撑不能停留在意识上、口号上，必须实现真正的"互锁"。如何做到呢？核心在于指标体系，它是企业经营的指挥棒。

如果希望通过数字化转型系统性地提升企业的**掌控力和拓展力**，就要对两力提升的具体内容进行拆解，制定明确具体、可衡量、可考核的指标体系。

掌控力的提升，通常会体现在"降本、提质、增效"三个方面，数字化必须切实帮助存量业务升级；**拓展力的提升**，通常会体现在"现有业务增收、创新业务突破"两个方面，数字化必须切实支撑增量业务拓展。

对应这五个方面的具体考核指标很多，如材料损耗率、成本降低率、项目超支率、质量事故数、一次验收通过率、三方综合评价得分、人均单产、人均支撑业务量、作业效率提升度、新客户拓展、新区域拓展、供应链创收、新模式创收等，不一而足，可根据自身的实际情况设计和制定。

建筑企业领导者在设计数字化转型指标体系时，要根据自身特色及战略侧重，有针对性地选择指标及制定标准，**重点把握以下三点：**

- **贴合业务：** 符合业务战略的总体目标，不能跑偏。
- **长短期结合：** 既要有中长期目标，也要有短期目标；既要有季度目标，也要有月度目标；不能用长期主义的口号掩盖短期乏善可陈的问题。
- **定性和定量并重：** 既要强调结果里的定量指标，聚焦业务效益，也要兼顾过程中的定性指标，旨在督促长周期的重点工作有阶段性地持续产出，鼓励数字化的工具系统快速上线，让大家先用起来。只有用起来，才能用得好；只有用得好，才能形成组织习惯；只有形成组织习惯，业务效益才能真正显现出来。

数字化转型的伙伴选择

建筑企业在数字化转型过程中，需要**打破传统企业边界**，与真正精通建筑行业的数字化科技企业合作，**构建新型数字生态**。这不是选择，而是必须。

为什么是必须？

因为建筑行业的人才吸引力本来就不高，能够担当数字化转型重任的专业人才更加稀缺，单靠自身能力实在不行。

正如中建某局副总所言，建筑行业不仅缺乏数字化的专业人才，而且缺乏针对数字化专业人才的培养及赋能体系，更缺乏针对数字化专业人才的岗位体系、绩效体系及职业发展通道，只靠内部团队，实在难以支撑数字化转型。建筑企业数字化转型一定要秉持开放、共享的原则,携手行业监管部门、数字科技企业和产业链上下游企业,构建数字生态共同体。

为什么是生态?

因为传统的供应商管理模式会让甲乙双方陷入一锤子买卖的零和博弈,乙方嫌甲方预算不给力,需求却很多,各种后续要求更是没完没了;甲方嫌乙方系统不好用,并且一上线就想着追回款,对使用中的各种问题,一付款就没人管了,一副"大不了维保费不要了"的架势。这样的买卖关系,对于周期长、情况复杂、没有统一解法、需要一企一策的数字化转型,实在不再适用。

建筑企业需要的生态伙伴是能够根据企业的实际情况,结合行业最佳实践,具备强大数字技术优势及系统性数字化解决方案的科技企业,它们能与建筑企业携手共创,长期合作,相互成就,能把建筑基因与数字基因有机融合,支撑建筑企业数字化转型取得成功。

如何选择伙伴?

在遴选生态伙伴的过程中,关于具体的产品性能、解决方案的优劣、交付周期、性价比及相应的合作条款等,通常都有负责技术、商务、财务及法务的人员把关,建筑企业领导者要重点关注的有以下五点。

深耕行业。相比其他行业,建筑行业数字化转型的基础更薄弱,业务难点及管理痛点更多,做起来的难度及复杂性更高,因而特别需要数字化生态伙伴能真正地理解建筑行业,有深刻的认知和丰富的经验。

理念领先。真正卓越的数字化工具、系统、平台及整体解决方案,是先进的管理理念及最佳的管理实践在数字技术上的沉淀与显现,要选择理念领先且经过实践验证的生态伙伴，站在巨人的肩膀上，充分借力。

迭代快速。既然要长期合作，就必须保证生态伙伴是学习型组织，有前瞻性的布局，能够不断学习提升，持续快速迭代，始终代表行业最高水平及最佳实践，这样才能与建筑企业走得远。

价值观正确。既然是生态伙伴，就必须价值观正确，能以客户为中心，以客户成功为己任，不但重视自身业务，还特别重视客户数据安全、客户服务支持，愿意大力投入，帮客户真正把数字化系统用起来，这样才能与建筑企业走得久。

机制保障到位。权责利要对等，既然不想陷入零和博弈，既然提倡相互成就，就要改变压榨供应商的传统思维，就要从价值创造、成功标准及付费模式上，设计符合生态思维的保障机制。

尤其是付费模式，要采取以价值创造为导向的持续服务加增益共享的模式。如果还是采取传统的一次性买断加后续维保费的模式，就很可能逆向淘汰优秀的生态伙伴，而让做一锤子买卖的"高手"充斥身边，任由他们为了弥补前期损失，把本应做好的客户服务、本应保障的客户系统对接及数据内部共享变成后期收费的来源，变成要挟客户的资本。

就像白头偕老的美满婚姻不可能建立在一方被长期压榨的基础上，建筑企业在构建能支撑其数字化转型成功的数字生态时，也不但要找对伙伴，还要做对事，要把携手共创、长期合作、相互成就落到实处。

****

建筑企业在推动数字化转型时，如果战略不清晰，为数字化而数字化，就容易陷入"业务与技术'两张皮'"的窘境。

下面将结合绿城中国的实战案例，帮你深入了解它是如何基于新的宏观环境和战略要求聚焦数字化赋能业务的核心场景，以及反思数字化探索进行数字化转型战略迭代的。

建筑企业数字化转型实战案例系列

绿城中国：如何实现数字化转型的战略聚焦与升级

绿城中国成立于 1995 年，以"为城市创造美丽"为己任，以"为客户创造价值"为使命，始终秉承"品质为先、客户至上"的行为导向，坚定不移地走产品主义道路，追求高品质、高溢价、高客户满意度，是中国房地产行业典型的"特长生"。

2021 年，在行业深度调控、疫情起伏不断的大环境下，绿城中国取得了合同销售 3509 亿元、营收 1002 亿元、利润 76.9 亿元的优异成绩，并连续第 17 年荣列"中国房地产百强企业综合实力 TOP10"。

面对新的宏观环境，绿城中国如何破局

随着房地产行业调控政策的不断变化，曾经支撑房地产行业快速发展的"高杠杆、高负债、高周转"模式已成过眼云烟。土地红利、金融红利不复存在，地产企业必须从重规模向重管理转变，为自己创造管理红利，实现"低负债、高品质、高效益"的模式升级。

在新的宏观环境下，绿城中国也必须改变。在行业强监管的限价时代，过去"高品质、高溢价、高成本"的特长生发展模式已不可持续；要想生存下去，必须改变经营思路，必须改变"高

价拿地、高品质建造、高溢价销售，**但高溢价几乎全被高成本吃掉**"的不利局面。

2019年7月，绿城中国迎来了新一任的董事会主席张亚东。履新后，他花了几个月时间，想清楚了三个问题："绿城中国是谁？绿城中国要成为谁？绿城中国要怎样成为谁？"他还提出了**破局新思路**：绿城中国必须要"从'特长生'向全面发展的'优等生'转变"，要在坚持高品质的同时，有力地控制成本，提高利润率，走均衡发展的道路。

2021年3月，在公司业绩发布会上，绿城中国对外公布了2025战略目标，即到2025年要实现5000亿元的销售规模，并发布了"**1299战略体系**"（见图7-6）。其中，"1"是指一个核心目标，即成为全国TOP10房企中的品质标杆；"2"是指两个战略支点，即懂客户和懂产品；第一个"9"是指包括房产开发、房产代建在内的9大重点业务；第二个"9"是指包括持续变革、高效营销、精准投资、精益运营在内的9大关键能力。

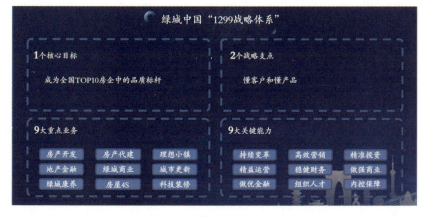

图 7-6

面对新的战略要求，数字化如何聚焦

数字化转型的战略定位是赋能业务。面对新的战略要求、目标及体系，绿城中国的数字化转型工作，该如何聚焦发力，如何做好赋能呢？

要想成为全面发展的优等生，就得在"**保品质**"的同时做好"**控成本**"，数字化转型的工作重点就应当围绕帮助业务做好成本控制，在确保产品既能满足客户需求，又能持续领先竞争对手的前提下，不盲目超支，做到精准投资，精益运营。

地产企业成本管理的第一法则是目标成本管理，以目标成本贯穿"拿地、招采、预结算及付款"的项目全过程以及过程中涉及的内外部全参与方。当时，绿城中国在**成本管控方面的核心痛点**，不是没有目标成本管理体系和管理办法，而是在传统的线下的作业方式下，这些管理体系和办法难以执行到位。比如，在拿地这样的源头环节中，成本测算就很可能存在偏差，在项目推进过程中，也难拉通其他职能条线，确保目标成本要求在项目全过程中执行到位。

千头万绪之中，如何聚焦呢？ 对房地产行业来说，拿地是所有工作的源头，其成本也是所有成本中的大头。要想确保战略落地，要想做到战略要求，就得首先把**拿地环节**的成本测算做好，从源头做到成本精准管控，支撑拿地时的精准投资以及拿地后的精益运营。

基于新的战略要求，目前存在的核心痛点，以及抓源头、抓大头的解题思路，绿城中国明确了"**数字化成本管控**"的工作重点以及"先从拿地环节入手，再拉通项目全过程"的工作节奏，还明确了"聚焦作业层、决策层及系统层的三大核心诉求"的工作思路。

具体是哪些核心诉求呢？一是在作业层面，要严格参照目标成本要求，提升成本测算的工作效率，从源头把控成本超支风险；二是在决策层面，要做到用成本大数据分析，有力支撑决策；三是在系统层面，通过拿地环节打通项目全过程，确保目标成本的执行到位，实现成本管控的闭环管理及目标成本标准的持续迭代。

具体如何落地呢？分三步走：第一步，搭建线上成本数据库；第二步，实现在线成本测算；第三步，构建成本大数据自循环体系。

第一步，搭建线上成本数据库。

2020年，绿城中国与数字化生态伙伴一起，进行了深入调研及方案制定，确定了搭建线上成本数据库的四大目标——标准可视化、作业在线化、成果智能化、数据自动化，并设计了由"科目库、标准指标库、测算库、沉淀库"组成，支持"参数设置、数据查询与对标"的全国成本数据库全景图（见图7-7）。

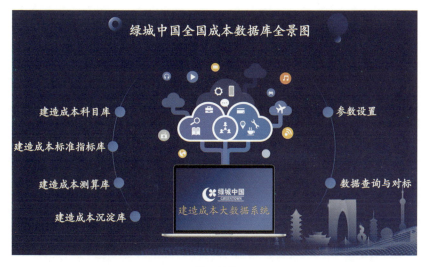

图 7-7

在建设线上成本数据库的过程中，绿城中国系统地梳理了既往的 600 多个项目、1000 多个分期的 2 万多份归档文件，初步形成了 8 大系列、22 个品类、22 种风格及多种档次的产品谱系，并完整制定了 103 个城市的 2104 套成本标准。

这是最苦、最累、最耗人的数据基础工作，当时绿城中国投入了大量的资源和精力。为什么要下这么大的力气？因为绿城中国深知数据是数字化的根，没有数据，没有数据在线，后续一切的数字化美好图景都是水中月、镜中花。

第二步，实现在线成本测算。

拿地环节对成本测算的要求很高，不但要标准、精准，还要高效、迅速。既要质量高，又要速度快，单靠人力几乎不可完成，必须有数字化的赋能。

原先的成本测算方式是，各区域、各项目的相关人员在线下用 Excel 表格做测算，不仅有偏离口径的隐患、审核工作繁重的痛苦、决策支撑难以保障的风险，还有能力经验难以沉淀、更新迭代难以推广的现实困难。经常是人一走，连原始的 Excel 表格文件都找不到了。

在线的数字化成本测算方式，不仅能在作业层面实现口径固化，自动计算，自动审核，极大地提升成本测算效率及质量；能在决策层面，实现横向拉通各区域，纵向打通各历史项目，自动对标、自动分析，提供及时给力的决策支撑；还能在系统层面，实现数据的统一存储、自动沉淀、及时更新，推动企业数据资产的沉淀和积累（见图 7-8）。

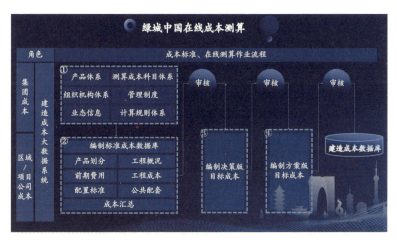

图 7-8

2021年,在线成本测算系统经过项目试点的打磨、区域试用的考验后,开始在全集团得到推广。以前,做拿地环节的项目成本测算,需要三四天;现在,有了在线成本测算系统,只需不到六小时。以前,审核工作相当繁重,不点开Excel表格文件,不检查每个Excel公式,不核对每个口径,就无法确认究竟对不对、准不准,至少也得好几天才能做完;现在,有了在线成本测算系统,可以基本实现自动审核。以前,领导在决策时提个问题或建议,需要五天才能完成数据更新、分析、汇总及层层上报;现在,很快就能看到结果。

以前,人一走,就不知道是怎么算的,经常连原始的Excel表格文件都找不到了;现在,所有的过程都清清楚楚,过程中的所有思考与迭代都沉淀为组织能力。

第三步,构建成本大数据自循环体系。

有了线上的成本数据库基础,有了在线的成本测算能力,就需要把"数字化成本管控"从拿地环节延伸到招采、预结算等后续环节,拉通项目全过程及内外部各参与方,实现成本管控的闭环管理,确保目标成本的执行到位,构建持续迭代的成本大数据自循环体系(见图7-9)。

对此,绿城中国正在通过各区域的持续应用,通过各项目从测算到招采,再到结算全过程作业的拉通,通过工程结算对成本标准的逆向精准修正,系统性地持续完善成本数据库,并通过再应用、再修正的循环往复,逐步实现自循环体系的构建。

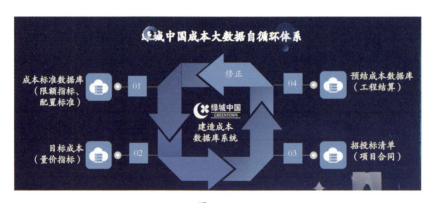

图 7-9

随着数字化成本管控体系的不断成熟和完善,绿城中国还计划将其与设计系统、投拓系统、招采系统、订单系统等其他系统进行深度连接,打破数据孤岛,实现全集团作业数据的无缝流转,更好地赋能一线作业提效,做好审核决策支撑,更有力地推动数据资产及组织能力的沉淀和积累。

面对新的战略体系,数字化如何做好系统性支撑

数字化转型战略与业务战略应当是个有机整体:业务战略系

统性牵引数字化转型战略，数字化转型战略系统性支撑业务战略。

因此，绿城中国对过去几年的数字化工作做了复盘，发现自**己在数字化转型战略方面系统性不足**。

其实，集团对数字化的重视程度非常高、总投入也不低，但此前的数字化工作还处于"业务部门提需求，集团IT部门来落实"的初级阶段，虽然有"数字化成本管控"这样的亮点，但从整体情况来看，还是存在点状工作相对较多、技术与业务咬合不够紧密、数字化转型战略对业务战略的系统性支撑不足等问题。

此外，绿城中国**在数字化转型的伙伴选择方面，也显得经验不足**。

比如，为了进行数字化成本管控，绿城中国IT部门也曾找过传统的OA及财务系统厂商，但它们的解决方案往往只能做到"流程的线上化"，缺乏对业务和成本的深刻理解、对成本大数据的处理能力，只是把审批流程从形式上搬到了线上，无法真正地实现效率提升、成本降低和风险把控，没有从实质上推动决策质量的提升。区域成本条线也找过一些小型的系统集成商，但这些厂商只能做到"数据的线上化"，无法做到有效的数据应用及有力的作业支撑。

后来，绿城中国终于找到了真正懂建筑行业、懂地产业务、懂成本管理、有最佳实践积累、有大数据处理能力、能支撑大规模在线作业的生态伙伴，这才获得了上述的喜人成果。

基于这些复盘和反思，2022年年底，绿城中国决定在"战略2025"细化迭代的基础上，以业务战略为牵引，系统性地制定数字化转型战略。过程中，绿城中国还明确了数字化转型的战略意图，确定了"无须为我所有，只需为我所用"的指导思想，着力构建数字生态，甄选数字化转型的生态伙伴，并携手一两家经过实战考验的数字化生态伙伴，在制定数字化转型战略时，一起调研，深度共创。

这就是 2019 年以来，绿城中国面对新的宏观环境、新的战略要求（从"特长生"向"优等生"转变），聚焦核心业务场景（从拿地环节的成本测算入手），赋能业务做到既要保品质又要控成本的**数字化探索**，也是绿城中国基于对过去几年数字化工作的复盘和反思，聚焦数字化转型战略对业务战略的系统性支撑，以及数字化转型伙伴选择和生态构建的**数字化实践**。

希望它的探索与实践，对大家有启发，有帮助。

规划路径，把握节奏

建筑企业数字化转型不可能一蹴而就，一步登天，一定要针对企业面临的业务难点及管理痛点，规划好路径，把握好节奏，积小胜为大胜。

建筑企业可以参考"业务数字化—管理数字化—能力数字化"**三步走**的模式，逐步推进透明可见、高效运转和持续进化，破解"黑盒子"，构建"数立方"，实现系统性重塑。

业务数字化，做到系统性的透明可见

业务数字化指的是，建筑企业要在全面梳理核心业务的基础上，从最小经营单元（建筑项目）切入，利用数字技术，对作业对象（建筑实体）和作业过程（建设过程），**通过"数据＋连接"**，真正点亮"黑盒子"，在数字世界里，做到系统性的透明可见。

先来看数字化的根——数据。

数据是对建筑实体和建设过程的数字化描述，必须覆盖全要素、全过程及全参与方，必须改变过去主要依靠人工填报、层层汇总的传统模式，**必须做到"准确、及时和全面"**，尽可能以无修改、无掩饰、无延时、无丢失、无地理限制的数字化方式，进行全方位无死角的自动采集。

比如，针对施工现场"人、机、料"的种种复杂情况及数据采集，今天已经有了成熟的数字化解决方案。

关于"人"，智能劳务管理系统可以通过进出场的闸机扫码、带有芯片的安全帽、有人脸识别功能的智能监控等，自动采集施工现场每位工人的完整信息，比如什么时候来的、什么时候走的、到了哪个工作面、属于哪个工种、工作情况如何等。

关于"机"，智能设备管理系统可以通过传感器、智能监控等，自动采集每台机械设备的作业情况，比如处于哪个空间位置、覆盖哪些工作面、运转了多长时间、闲置了多长时间、运转功率如何等。

关于"料"，智能物料管理系统可以通过智能地磅、红外扫描、图像识别等，自动采集各种物料的进场、存放及使用情况，自动进行数量及质量分析，不但极大地降低了数据采集、整理及汇报的工作难度，极大地降低了对项目管理人员时间精力的占用，还极大地提升了施工现场的透明度。

再比如，针对目前仍然需要人工填报的管理信息，也可以通过数字化交叉验证，确保上报信息的准确、及时和全面，从源头堵住漏洞，让各种"猫腻"没有可乘之机。

以地产企业的一大管理难点——工程进度为例。一方面，工程进度对项目整体推进、证照审批、收入确认及现金流回正时间至关重要，在当前的宏观环境下，甚至事关地产企业的生死；另一方面，过去只能依赖人工巡检及总包汇报，很难全面、及时地了解真实情况。某千亿级房企就曾经出现过由于一个进度管理的小失误，当年数亿收入无法确认的重大事故。

现在有了数字化，通过无人机、智能监控对现场设备空间位置及运转情况、劳务人员的数量及工种分布等多种数据进行实时自动采集，就能对工程进度进行及时有效的比对验证。

再来看数字化的脉——连接。

连接，就是要改变过去的组织及业务割裂状况，**要纵向打通组织层级，横向拉通职能条线**，把数据孤岛有效连接起来，逐步做到系统性的透明可见。

这里讲的连接，不是物理意义上软件与硬件的连接、手机与系统的连接，而是组织层级、职能条线乃至各参与方之间，以实现业务融合为目的通过数据的连接。单点数据孤掌难鸣，唯有连接起来，才能真正发挥价值。

前文提到的上海宝冶"核心数据的互联互通"的实质，就是**"数**

据+连接"。如何做到纵向打通组织层级，横向拉通职能条线呢？关键就在于，拉通对齐各个职能条线、各个组织层级以及各个信息系统之间的数据定义、口径、采集及校验方式，连接数据孤岛，解决业务割裂、组织割裂和系统割裂问题。

这就是上海宝冶为什么会投入那么多时间精力，确保组织和组织架构规范化、信息编码体系标准化；为什么会从每个数据定义的细微差别入手，明确各条线数据的具体口径，细化财务数据与业务实际的对接，推动业财一体化；为什么还会选择聚焦项目，通过对项目现场核心数据的自动采集及智能分析，通过项目管控信息平台，推动纵向组织层级及横向职能条线的双向打通，真正实现项企一体化。

再比如，只有将源于现场的各种人员数据与劳务实名制、现场管理、工序验收、商务合约及财务结算连接起来，才能实现"登记、考勤、算薪、签审、发薪、签收"的全过程全记录，才能在很大程度上防范恶意欠薪及恶意讨薪，才能真正形成对各参与方（包括建设方、总包方、分包方及劳务方）有效的保护及监督。

透明是信任的基础。从这个角度来看，数字化也会改变建筑行业各参与方之间的合作模式（详见第八章）。

管理数字化，实现系统性的高效运转

管理数字化指的是，在"数据+连接"的系统性透明可见基础上，**通过"算法"**，形成有效的 PDCA 管理闭环，通过数字世界驱动现实世界，实现系统性的高效运转。

先来看数字化的魂——算法。

算法是业务及管理的数字化规则，通过算法，可以调用数字化系统的各种超能力，依据事前制定的规则，分析海量数据，判断分析结果，做出行动决策，即能根据现实世界的不同情况，通过数据世界的分析判断，触发不同的业务及管理行为，解决某个问题或达成某个目标。

沿着这个定义拆解，**算法可以分成三个部分：**

- 数字化的触发条件规则，比如设定应关注什么指标，指导数据分析。
- 数字化的判定条件规则，比如设定某个指标的阈值，指导分析判断。
- 数字化的行动决策规则，比如设定当满足判定条件时，应采取什么业务及管理行为，指导行动决策。

因为数字化系统本身就有超强的战斗力和执行力，**在算法指导下，数字化系统学会了分析、判断和决策**，就可以成为**潜力无限的战士**。

比如，在前面业务难点中提到的材料方面会出现的各种跑冒滴漏的环节，通过"数据 + 连接 + 算法"就可以实现极为高效的 PDCA 管理闭环，让心怀不轨之人难有可乘之机。

一车钢筋进来，数量究竟够不够，规格究竟对不对？人工清点、人工检查、人工比对合同及送货单，不仅工作量大、效率低，而且结果不一定准确可靠。现在，只需现场人员拍照，然后上传照片，数字化系统工具就能快速清点数量、判定规格（数据），通过实时调取商业合约及当天运单中的相关约定（连接），再通过比对实际到货情况，即可知道是否按质、按量完成交货（算法）。

一车混凝土进来，来的时候有没有装满，走的时候有没有卸空，通过智能地磅（数据），再实时调取相关约定（连接），然后进行实时比对，即可知道是否存在问题（算法）。比如，济南建工集团三箭股份在上线智慧物料验收系统后，仅在一个地产总包项目中，仅混凝土一项，就实现了 120 万元的成本节约。

再来看算法的应用之管理前置的数字化。

算法不仅能应用于上述相对简单的业务场景，推动组织的高效运转，还能用于更为复杂、更具挑战的工序、项目及企业管理场景，把管理规则嵌入数字化系统工具，实现管理前置的数字化，系统性地提升岗位层的精细管理、项目层的前瞻优化及企业层的全局掌控。

在岗位层面，今天的数字化系统工具已能实现**"要求前置"**，用数字化的方式，根据六项输入（精确的设计要求、详细的工艺工法、清晰的保障条件、具体的成果要求、具体的验收方式，以及具体的结算支付、奖惩激励和风险分担机制），提升工序计划的精细化程度、检查的及时性和整改的有效性，有效降低后期扯皮的可能性。

在项目层面，今天的数字化系统工具已能针对潜在风险，实现**"风险前置"**，用数字化的方式，在计划（P）阶段，从源头梳理所有可能出现突发风险的环节，设定指标，做到事前的风险监测；在执行（D）的同时，做到实时或及时检查（C）；一旦指标超过阈值，第一时间自动报警，第一时间触发调整（A），尽可能第一时间解决问题；再通过实时或及时检查，形成高效运转的 PDCA 管理闭环，**解决四个滞后问题**，系统性地提升前瞻优化能力。

比如，针对施工现场的关键风险源（如塔吊、基坑、高支模），可以通过基于物联网的数字化解决方案，对塔吊的吊重、转角及倾角，基坑的形变、位移和环境变化，高支模的地基沉降、立杆倾斜和水平位移等数据进行 7×24 小时的实时监测，实时预警。

再比如，针对环境变化可能带来的工期延误（如大风扬尘可能导致暂时停工，大雨可能导致混凝土浇筑工期延误等），也可以利用数字化系统进行前瞻推演，对整体施工方案及进度计划进行系统优化，尽可能在后面把延误的工期及相应的成本，追回来。

这样 7×24 小时的持续监测，这样系统性的前瞻推演和优化，对人来说，挑战巨大；但对数字化系统工具来说，只要数据扎实，连接到位，算法明确，就能通过无限体力及无限算力，快速搞定，从根本上扭转建筑项目在面对"来源多、频次高、不可控性强的突发变化"时常常陷入的"发现滞后、决策滞后、行动滞后、反馈滞后"的被动局面。

在企业层面，今天的数字化系统工具已能根据管理要求及决策原则，实现**"规则前置"**，用数字化的方式，**解决四大脱节问题**，系统性地提升全局掌控能力。

比如，前面提到的绿城中国的**"数字化成本管控"**，其实质就是通过"数据＋连接＋算法"，实现规则前置，从而解决四大脱节问题。顺着其数字化成本管控系统的建设过程，我们会发现，它首先搭建的"线上成本数据库"，不仅是涵盖成本科目、成本标准、成本测算及成本沉淀的数据基础，而且是业务战略各项要求及成本管理各项规则的数字化呈现（即算法基础）。

接着，绿城中国实现了"在线成本测算"，不仅降低了作业层面的工作难度及工作强度，解决了要求与能力脱节的问题，而且通过连接与算法，确保了各项业务战略要求及成本管理规则的执行到位，过程审核及业务决策的支撑到位，解决了战略与执行脱节、业务与组织的脱节、决策与信息脱节的问题。

此外，绿城中国目前正在构建中的"成本大数据自循环体系"，正试图通过数据、连接与算法，拉通项目全过程及内外部各参与方，更好地解决业务与组织脱节的问题，形成成本管控的管理闭环，促进成本管控的能力的全面提升。

能力数字化，实现系统性的持续进化

组织数字化指的是，在系统性透明可见及高效运转基础上，通过"数据 + 连接 + 算法"，持续沉淀组织经验，发掘最佳实践，加快人才培养，优化管理规则，**实现系统性的持续进化**。

长久以来，组织能力一直是建筑企业的软肋。其中，既有行业人才吸引力下降的外部原因，也有组织经验沉淀不足及人才培养周期压缩的内部原因。

建筑企业的很多实战经验是在具体项目层面产生的。由于项目存续时间有限，核心团队通常会随着项目结束而解散；项目过程中宝贵的经验教训，往往也会随着团队的解散，变成或浅或深的记忆，留在亲历者的心里。但是，这样的个人记忆和经验的积累，并不能有效地转化为组织层面的经验和能力。

今天的数字化系统工具，已经成为很多日常工作的作业平台，过程中的点点滴滴，会以数据的形式，在系统中自然留痕，自然沉淀，不会因为人员的离职、时间的流逝，被组织忘却。

与此同时，数字化还能帮组织通过量化的指标分析，精准发掘组织内部的最佳实践，并通过详细的过程溯源，快速识别最佳实践的核心方法，不仅能系统性地**推动最佳实践的总结、提炼和推广**，而且能为青年骨干提供更实用、更好用的工作指导及学习参考，帮助他们加速成长。

人的成长，离不开复盘和反思；数字时代组织能力的进化，离不开数字化系统的迭代。就像绿城中国，一旦成本管控形成拉通项目全过程及内外部各参与方的管理闭环，就能通过持续不断的数据积累，循环往复的效果反馈，坚持不懈的连接及算法（管理规则）优化，实现数字化系统的不断迭代，进而促进组织成本管理能力的持续进化。

需要强调的是，从业务数字化到管理数字化，再到能力数字化的**三步走**，不是彼此割裂的、静态停滞的固定化存在，而是**相互促进的、动态演化**的有机整体和持续过程。

业务数字化的逐步深化，会推动管理数字化的深度普及；管理数字化的深度普及，必然会促进能力数字化的持续提升；能力数字化的持续提升，必将支撑业务和管理数字化的持续发展。

建筑企业的数字化转型，可以从"黑盒子"的某个作业单点开始，以点带线，以线带面，继而覆盖到整个"立方体"。在业务数字化、管理数字化、能力数字化相互促进、螺旋上升的过程中，"立方体"会变得越来越透明，越来越高效，持续进化，最终成为大家向往已久的"数立方"。

关于业务数字化、管理数字化和能力数字化的三步进阶，建筑企业领导者无须深入具体的数字技术细节及解决方案，但一定要坚持对数据及连接的关键要求，要把握对算法至关重要的战略要求及管理规则；通过管理前置的数字化，形成高效运转的管理闭环；通过数字化系统的不断迭代，促进组织能力的持续进化。

找准切入点，建立信心

面对新兴趋势，尤其是数字化转型这样投入大、风险高且没有标准答案可抄的，通常只有极少数人会选择主动拥抱，大多数人会选择等待和观望。可能是因为看不懂，存在认知差距；可能是因为放不下，存在路径依赖；可能是因为对自己没信心，存在能力短板；也可能是因为担心对自己没好处，存在利益冲突。这些都是人之常情。

正如前文所分析的，在数字化转型启动初期，一定要找准切入点，尽可能针对最典型的业务难点或管理痛点，以**"见效快、价值大"**的方式，把数字化转型的试点项目做好，让大家尝到真真切切的甜头，看到实实在在的价值，逐步对数字化转型建立起扎扎实实的信心。

以绿城中国的"在线成本测算系统"为例。做拿地环节的项目成本测算，原先需要三四天，现在只需不到六个小时。这对一线作业人员来说，就是真真切切的甜头。成本测算的审核工作原先不仅费事费时，而且除非自己重做一遍，否则很难保证万无一失，保不齐就会有 Excel 公式错误、成本口径引用错误，现在在线成本测算系统能实现口径固化、自动计算及自动审核，在作业中不留犯错的隐患，在作业后没有审核的必要。这对成本及相关条线的各级管理人员来说，就是实实在在的价值。

正因如此，该系统从项目试点到区域试用，再到全集团推广，一路都非常顺利，是非常难得的从集团、区域到一线，各层级、各条线都很满意的数字化转型项目。

组织信心是数字化转型成功的关键。唯有让大家尝到甜头，看到价值，才能真正激发出强大的组织信心。

****

建筑企业推动数字化转型，如果没有把握好节奏，没有找好切入点，就很容易让大家失去对数字化及数字化转型的信心和耐心，重蹈有些企业"大干快上，有始无终"的覆辙。

下面将结合陕西建工的实战案例，帮你深入了解它从"十三五"到"十四五"数字化转型持续深化的发展历程，看看它是如何找准数字化转型的切入点，如何把握节奏，通过持续深化，把数字化大集采做出新高度的，又是如何根据国家政策、行业趋势及集团战略，通过反思和复盘，从数字化与业务深度融合、数字化对业务系统性支撑的角度，全面升级数字化转型战略，并在组织设计、路径规划、数据激活及生态构建等方面实现新突破的。

建筑企业数字化转型实战案例系列

陕西建工：如何选择切入点，如何升级数字化转型战略

陕西建工始建于1950年，从工程兵整建制转业至今，秉承

军人作风，坚持"向善而建"的企业哲学，在全球30多个国家及地区开展了业务，在"十三五"期间，提前两年达成了营收规模过千亿元的目标，在2020年收官之年，不但实现了77%的利润增长，还完成了旗下建筑板块的整体上市。

凭借雄厚的实力，陕西建工目前荣列ENR全球承包商250强第14位、中国企业500强第146位、中国上市公司500强第88位，以及中国建筑业竞争力200强企业第5位。

成绩只是过去，面向未来，必须居安思危，未雨绸缪。在2021年的中国数字建筑峰会上，陕西建工控股集团总经理毛继东坦言，"陕西建工与资源型企业不同，身处的是完全竞争性行业，只有不断创新，才能在竞争中立于不败之地"。

会上，他还系统地回顾了建筑行业的发展历程，近十年来行业增速明显放缓，利润水平持续下滑及市场竞争愈加激烈的显著变化，并明确指出了建筑企业面对上游原材料涨价、用工难等的诸多挑战，面对下游品质要求日益提升的必然趋势，必须从**"高速发展"**向**"高质量发展"**转变的战略思想。

毛继东还特别强调："党中央、各级政府，对数字经济和数字化建设的重视程度，前所未有。对建筑企业来说，如何抓住这次机遇，跟上'数字中国'建设的步伐，把握数字化建设的趋势，通过数字化转型提高企业的核心竞争力，是每位建筑人都应该思考的命题。"

陕西建工在数字化转型探索方面，一直走在行业的前列。工程兵出身的陕西建工，有志成为建筑行业数字化转型的探路者、破局者和追梦者。下面我们聚焦它"十三五"期间极具特色的数字化大集采,以及极具突破性的"十四五"数字化转型战略,跟大家分享。

三步走,数字化大集采的持续深化

首先来看,陕西建工是如何找准数字化转型的切入点,如何把握节奏,通过持续深化,把数字化大集采做出新高度的。

切入点:为什么选择数字化大集采?

回溯数字化大集采的起点,还得回到2015年"十二五"的圆满收官。面对"十三五",陕西建工开始思考如何更上一层楼。通过对集团二级单位的深入调研,陕西建工发现不同的业务板块、业务单位都有一个共同的需求,即"成本管控"。建筑企业利润微薄,成本管控无疑是永恒不变的主题。

成本管控,该从哪里入手呢?项目是建筑企业的最小经营单元,也是建筑企业发展的基石。把项目成本管好了,建筑企业的成本管控自然也会好。在项目整体成本中,**物资材料采购成本无疑是占比过半的大头**,可谓是对经营结果影响重大的业务难点。

除了影响大,物资材料采购降本的见效时间相对快,价值创造相对容易衡量,符合"见效快、价值大"的标准,理应是数字化转型较为理想的切入点。

数字化大集采:重点要解决什么问题?

找准了数字化转型的切入点,还要深入一线,精准把握核心问题，有的放矢地解决问题，赋能业务。具体而言，在物资材料采购方面，有三大问题亟待解决：**合规、降本和提效**。

一是合规：采购过程中，流程不透明、标准不清晰、暗箱操作等情况时有发生，交付品质难保障、采购资金周转慢等经营问题经常出现，物资材料采购的规范化、透明化迫在眉睫。

二是降本：由于业务规模大、业务板块多、二级单位也多，方方面面对接的各类物资材料供应商多达数千家，即便是同一材料、同一型号甚至同一供应商，但如果时间、单位甚至经办人不同，采购价格及相关条款也不一样。降本空间巨大。

三是提效：由于物资材料采购工作相对复杂，不仅不同类型、不同材料的供应情况不一样，不同单位、不同项目的需求情况不一样，而且寻源招标、价格谈判、合同签订、履约交付、验收结算等各个环节面临的情况都不尽相同，采购工作不仅难度高、强度高，而且诱惑多，很难长期坚持原则。急需通过数字化赋能业务，提升采购工作的效率。

要想通过数字化赋能业务，就必须直面这些业务问题，有规划、有节奏地推进。

数字化大集采：如何启动，如何逐步深化？

2015年，是陕西建工数字化大集采元年。这一年，陕西建工在集团层面专门成立了"集采中心"，安排专人负责推进落实，从此开始了"三步走"的数字化探索（见图7-10）。

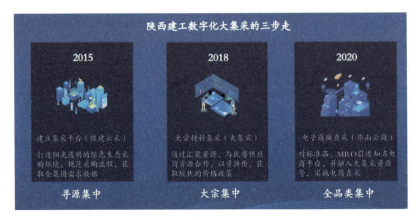

图 7-10

第一步，主攻合规，实现寻源集中。

陕西建工先明确了"三权分立"的采购管控机制，厘清了集团、二级单位、三级单位的职责定位：

- 集团：重在引领，统一建设；建设统一交易平台，统一采购管理体系和基础数据。
- 二级单位：重在管理，持续优化；完善管控体系，统一采购流程，组织实施。
- 三级单位：重在执行，高效协同；按照公司规定，严格遵守流程机制。

之后，陕西建工找到深耕建筑行业的软件企业，深度合作，搭建了**数字化集采招标采购平台"陕建云采"**，将集团所有的采购招标线上化、公开化，打造阳光透明的绿色生态采购环境，规范采购流程，获取全集团需求数据，实现了寻源集中。

随着"陕建云采"的上线运行，阳光化、规范化合规采购的初衷基本达成。有了在线招标的数字化平台，采购人员可以随时随地办理业务，管理人员可以在线进行审批和管控，既能实时参与又能事后追溯，各单位采购需求及各供应商相关情况在一定程度上还可以实现信息共享。

第二步，主攻降本，实现大宗集中。

2018年，陕西建工决定从采购成本中占比较高的大宗物资入手，推出**数字化大宗物资直采履约平台**，让所有供应商在同一平台上竞争，通过聚合集团整体需求的巨大体量，以量换价，获取较优的价格政策，实现了大宗集中，即大宗物资采购寻源、谈价及履约的集中。

鉴于建筑项目涉及的大宗物资品类众多，陕西建工没有贸然出手，而是选择了相对比较熟悉的钢材开始试点，循序渐进。

陕西建工先是汇总了各级单位的钢材用量，再与供应商进行了统一谈判，最后在同等品质中选择了价低的。仅靠这样的基本操作，在半年的试点中，陕西建工完成了50万吨钢材的集中采购，直接降低了6500万元的成本。2019年，陕西建工扩大了试点规模，完成了165万吨钢材的集中采购，直接降低了3亿元的成本。试点的效果相当显著。

在总结试点经验，反思和迭代的基础上，陕西建工提出了适用于大宗物资集中采购的"**四个集中原则**"：一是集中数量，统谈价格；二是集中配送，提升服务；三是集中计算，强化供应；四是集中资金，保障运作。它还通过供应链整体优化的方式，追根溯源，针对不同材料类别，分析成本结构，挖掘降本的关键因素，分品类制定降本策略。

以方木为例，陕西建工发现，由于方木基本需要进口，物流成本才是决定方木价格最为关键的因素。于是它决定，通过集团下属的物流公司，到国外产地直采。仅此一项举措就实现了降本35%。

通过大宗物资直采履约平台，陕西建工实现了采购履约流程的标准化、服务过程的可视化（物流实时查询、过程一览无余）、验收结果的信息化（全程可追溯），同时省去了中间商，降本效果显著。陕西建工先后在方木、镜面板、装饰材料、塑料管材、电线电缆、油漆涂料等多个大宗物资品类上，实现了15%～50%不等的降本成效。

第三步，主攻提效，实现全品类集中。

2020年，陕西建工推出了符合建筑行业需求的**一站式采购电子商城"华山云商"**，覆盖了全项目、全产业链的各种物资材料的全套采购需求，实现了全品类集中。

华山云商平台上线后，效果特别明显。**一是显著提效**，采购人员的工作强度大幅降低，工作效率显著提升。"电线电缆、方木模板、安全网……一共33单采购，短短几分钟就能全部搞定""小到螺丝钉，大到钢结构，细碎到各种办公文具，全部都从这个平台下单购买""不但速度快，质量好，还不用耗费大量时间和精力与各路供应商沟通周旋、讨价还价，真是特别省时、省心、省力"——这些来自一线的热情反馈，就是最好的明证。

二是进一步降本，数字化平台基于大数据分析的精准匹配，通过帮助上游材料及设备厂家消化过剩产能，进一步帮助下游施工企业降本，降本幅度甚至达 15%～30%，对项目盈利促进作用显著。

建筑企业在搭建电商平台时，一定不能低估建筑行业的特殊性和复杂性，简单照搬 ToC（面向消费者）互联网电商模式是行不通的，建筑行业和互联网行业在材料标准、质量要求、业务规则、经营理念及供应商管理等各个方面，都有天壤之别。在这方面，陕西建工的确踩过大坑，有深刻的体会和教训。

此前，陕西建工曾与 ToC 互联网电商领域的龙头企业合作，试图借助其通用平台，满足建筑企业的全品类采购需求。试运行了一段时间后发现，适合一般消费者的通用电商平台与适合建筑企业的数字化全品类采购平台根本不是一回事。建筑企业需要的，通用平台上往往没有，或是型号不对；通用平台上有的，往往也不是建筑企业需要的。

于是，陕西建工果断止损，再次携手深耕建筑行业多年、深谙数字化大集采业务、与陕西建工有过深入合作的数字化生态伙伴，短短 3 个月就实现了平台上线。截至 2022 年年中，已有 9.7 万家供应商入驻，1.2 万名采购及管理人员在线作业，累计完成采购 17.7 万次，仅 2021 年就承载了 1135 亿元的交易规模。

从寻源招采平台到大宗物资履约平台，再到全品类电商平台，这就是陕西建工在数字化大集采方面三步走的持续探索过程。

四大突破,数字化转型战略的系统升级

接着来看,陕西建工是如何根据国家政策、行业趋势及集团战略,通过反思和复盘,从数字化与业务深度融合、数字化对业务系统性支撑的角度,全面升级数字化转型战略,并在组织设计、路径规划、数据资产及数字生态等方面实现新突破的。

业务战略与数字化转型战略是有机整体,业务战略是牵引,数字化转型战略是支撑。

"十四五"业务战略:高质量发展。

从业务战略来看,陕西建工"十四五"的破局之道是"四化融合,高质量发展":以绿色化为理念要求,以工业化为发展方式,以数字化为转型动力,以证券化为重要抓手,推动集团整体的转型升级,高质量发展(见图 7-11)。

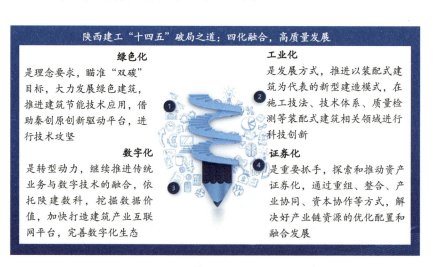

图 7-11

具体而言，在**绿色化**方面，要瞄准"双碳"目标，推进建筑节能技术应用；在**工业化**方面，要推进以装配式建筑为代表的新型建造模式；在**证券化**方面，要探索和推动资产证券化，解决好产业链资源的优化配置和融合发展；与此同时，要以**数字化**为转型动力，加快打造建筑产业互联网平台，推进建筑企业的数字化转型、四化融合的协同发展，实现全过程、全要素、全参与方的"三全升级"，构建**高质量发展**的新模式，在高质量发展中实现新飞跃。

数字化转型战略：系统性升级。

对照"十四五"的业务战略，复盘"十三五"数字化的整体工作，陕西建工发现，虽然有数字化大集采这样的突出亮点，但总体而言，**对业务的系统性支撑仍然不够**。比如，现有的信息化系统还有不少断点（没有系统性支撑的环节）、堵点（有系统但存在瓶颈的环节）、重复建设以及建好了没怎么用的失血点（存在严重浪费的环节）。建筑企业本来就利润微薄，极其有限的资源也没有形成合力。在全集团的相关投入中，统筹统建的仅占11%；在现存系统中，有明确系统及数据管理制度的仅占3%。

数字化必须与业务深度融合，数字化必须对业务有系统性支撑，必须打通系统内的断点、堵点，实现从战略到作战的数字化指挥系统，纵向打通决策层、管理层及业务运营层，横向拉通跨业务部门、跨职能组织、跨业务板块的数字化作战能力。全面、系统、规范地推进数字化转型是高质量发展之要。

沿着这个指导思想，陕西建工全面升级了数字化转型战略，提出了"168"战略规划，对"十四五"工作做出了系统部署（见图7-12）。

图 7-12

其中，6项核心架构要解决的核心问题如下：

- 业务架构：解决"以业务为核心的价值导向"的问题，确保技术与业务的深度融合。
- 应用架构：解决"信息系统功能和责任边界"的问题，确保技术对业务的系统性支撑。
- 集成架构：解决"各个系统互联互通"的问题，解决业务及组织割裂问题，拆除部门墙。
- 数据架构：解决"数据怎么来、怎么用、怎么管"的问题，沉淀和激活企业的数字资产。
- 技术架构：解决"资源配置及安全稳定"的问题，实现弹性扩展，确保信息安全。
- IT治理：解决"业务和技术融合及责任边界"的问题，明确责任主体及职责分工。

数字化转型战略落地：四大创新性突破。

为支撑数字化转型"168"战略规划的落地，陕西建工还在以下四个方面，做了大胆的创新性突破。

突破一：组织设计——落实管办分离，放活体制机制。

要想实现战略落地，得有组织保障。陕西建工在2017年成立的集团信息管理部的基础上，于2021年成立了陕西建工集团数字科技有限公司（简称"陕建数科"）。

集团信息管理部的职责定位是管理主体，主抓顶层设计，统一标准，监督执行，加强系统集成化管理；陕建数科的职责定位是经办主体，通过市场化手段、公司化运营、实体化服务，对外统一对接外部的战略、商业及技术合作伙伴，对内统一调度项目、人才及预算，提供建筑企业层面的数字化服务和建筑项目层面的智能建造及BIM咨询服务。

在人才队伍上，集团一方面积极引进既懂建筑业务又懂企业管理，还具备数字化建设经验的复合型人才，另一方面大力培养、大胆任用年轻人，比如目前陕建集团信息管理部经理兼陕建数科总经理就是一位"90后"。

在体制机制上，集团鼓励创新探索，允许陕建数科以多种模式，包括与数字化生态伙伴成立联合运营中心、成立合资公司等，整合外部力量，深化合作，致力共赢。

突破二：路径规划——明确三步走路径，由内向外推进。

按照统一规划、分步实施的思路，陕西建工明确了"三步走"

的路径规划，由内向外，梯次推进，逐步深化数字化转型。

第一步，实现生产要素的数字化，实现人、财、物、料等基本要素的数字化描述与存储、数据化共享与应用，形成单一要素的系统化、整体化。同时，实现生产与管控的数字化，最终实现基本作业单元的数字化。

第二步，在生产要素数字化的基础上，实现项企一体化。通过BIM技术和智慧工地管理系统，实现项目管理层面的数字化升级；通过拉通业务系统、财务系统及人力资源系统，实现企业管理层面的数字化升级；通过数字化升级，纵向打通组织层级，横向拉通职能条线，真正实现项目、公司、集团数据一体化。

第三步，构建产业互联网，将自身的数字化能力向外拓展，形成对上下游产业链的支持能力。物流管理、供应链金融、劳务人员管理、政府监管等都将纳入统一的、相互连接的平台体系，在数字世界中协作发展。

前两步意在系统提升掌控力，第三步旨在全面提升拓展力。

突破三：数据激活——沉淀数据资产，深挖数据协同。

国家已明确把数据列为继土地、劳动力、资本、技术之后的第五大生产要素。与其他生产要素不同，数据越用越值钱。因此，建筑企业必须做好数据沉淀，激活数据价值，把碎片化信息变成储量丰富、越用越有的数据金矿。

针对建筑企业数字化基础薄弱的普遍问题，陕西建工拿出了工程兵的死磕劲头，沿着业务流程的全过程（从商机获取、项目投标、项目立项、签订合同、项目前期管理、项目过程管理、收入成本管理、项目过程结算、竣工管理到封口闭合），拉通全过程涉及的全部信息系统，围绕数据"怎么来、怎么用、怎么管"的三大核心问题，构建了数据体系、数据平台和数据管理的三维数据架构。

此外，陕西建工还针对经营仪表盘、决策驾驶舱、业务分析看板、查询检索等四大类核心应用场景，设计了大数据分析系统，实现了数据从采集、清洗、汇集、分析、决策的全生命周期闭环管理，持续深挖数据协同，不断激活数字资产，不仅做到数据资产化，而且做到数据运营化和产品化。

突破四：生态构建——创新合作理念，构建开放生态。

建筑企业的数字化转型，既要扎根行业，也要借力技术。建筑企业要改变理念，不能指望什么事都靠自己解决，要把专业的事交给值得信任的专业伙伴去做，构建协同共赢的开放生态。

陕西建工深刻地认识到，在数字化转型过程中，生态建设十分重要。因此，它做了四大创新：在建设理念上，推动从自主封闭向开放生态的转变；在客户关系上，推动从技术支撑向业务赋能的转变；在角色定位上，推动从供应商向合作伙伴的转变；在合作方式上，推动从传统项目制向服务运营模式的转变，还与长期并肩战斗、久经战斗考验的亲密战友建立了联合运营中心及合资公司，构建无边界的跨企业协作。

此外，陕西建工还计划借助其在陕西省建筑行业的"链主"企业地位，更紧密地拉通产业链上下游，推动建筑行业各参与方之间的深度合作和跨界融合。通过产业数字化平台和数据，推动数据共享，深化业务协同与合作，重塑价值链，重塑产业生态，为建筑行业发展注入新的动力。

这就是"十三五"和"十四五"期间，陕西建工在数字化大集采全面深化、数字化转型战略系统升级方面取得的喜人进展。

希望它的探索与实践，对大家有启发，有帮助。

本章小结

读到这里，关于如何驾驭数字化生产力，如何借助数字化重塑业务，你有了哪些思考？

建筑企业领导者在推动数字化转型的过程中，在业务升级方面，需要把握**四个重要行动**，在此为你总结一下。

第一，看清阶段，面对现实。

依据企业数字化成熟度的五级分类，整体而言，建筑企业大都还处于"数据孤岛"或"局部利用"的"数字化初级阶段"。对此，不必焦虑或懊恼。要牢牢把握这个基本现实，高度重视数据基础工作，过程中不仅要对数据基础工作大力倡导，而且要给予坚定支持。

要始终牢记，数据是数字化的根。夯实数据基础虽然最不出彩，但最该为之喝彩。

第二，制定战略，明确目标。

在战略意图上要明确：建筑企业做数字化转型不是要改行，而是要通过系统性重塑，破解"黑盒子"，构建"数立方"，提升企业的掌控力和拓展力，增强发展韧性，实现高质量发展，打造透明、高效、持续进化的**"数字化建筑企业"**。

在战略定位上，要明确数字化转型是为了赋能业务，因此数字化转型战略与业务战略应当是一个有机整体：业务战略系统性牵引数字化转型战略，数字化转型战略系统性支撑业务战略。

在战略目标上，要制定明确具体、可衡量、可考核的数字化转型指标体系，要贴合业务，长短期结合，定性和定量并重，把数字化转型对业务的系统性支撑落到指标上，实现互锁，形成合力。

在伙伴选择上，要有意识地打破传统企业边界，选择深耕行业、理念领先、迭代快速、价值观正确且机制保障到位的数字化科技企业，构建新型数字生态，把建筑基因和数字基因有机融合，携手共创、长期合作、相互成就，共同支撑建筑企业数字化转型取得成功。

第三，规划路径，把握节奏。

建筑企业数字化转型不可能一蹴而就，可参考**"业务数字化—管理数字化—能力数字化"三步走**的模式，通过准确、及时和全面的数据，纵向打通组织层级、横向拉通职能条线的连接，以及作为业务及管理规则的数字化、可以实现管理前置数字化的算法，逐步实现系统性的透明可见、高效运转及持续进化。

从业务数字化到管理数字化，再到能力数字化的三步走，不是彼此割裂的、静态停滞的固定化存在，而是相互促进的、动态演化的有机整体和持续过程。建筑企业的数字化转型，可以从"黑盒子"的某个单点开始，以点带线，以线带面，继而覆盖到整个"立方体"；在业务、管理、能力数字化相互促进、螺旋上升的过程中，"立方体"会变得越来越透明，越来越高效，持续进化，最终成为大家向往已久的"数立方"。

第四，找准切入点，建立信心。

在数字化转型启动初期，一定要找准切入点，尽可能针对最典型的业务难点或管理痛点，以"见效快、价值大"的方式，把数字化转型的试点项目做好，让大家尝到真真切切的甜头，看到实实在在的价值，逐步对数字化转型建立起扎扎实实的信心。组织信心是数字化转型成功的关键。

做好了业务升级，驾驭了先进的数字化生产力，企业该如何推动组织升级，构建好数字化生产关系呢？我们下一章见。

| 第八章 |

组织升级，构建数字化生产关系

当建筑企业开启数字化转型，开始尝试驾驭数字化生产力，借助数字化对业务进行系统性重塑时，对企业组织意味着什么呢？

有句大家都熟记在心的话正是此处的解题关键，这句话就是：生产力决定生产关系，生产关系反作用于生产力。当生产关系适合生产力发展的客观要求时，对生产力的发展起推动作用；当生产关系不适合生产力发展的客观要求时，就会阻碍生产力的发展。

由此可见，要想驾驭数字化生产力，推动业务升级，就必须构建数字化生产关系，推动组织升级。其实，只要启动数字化转型，传统的组织模式就会开始松动，且不少已然被"润物细无声"地重塑了。

下面，让我们**从企业与员工的关系、企业与客户的关系、企业与上下游的关系这三个重要维度**，一起探索数字化生产关系的精髓。

企业与员工的关系：从管控到系统性赋能

传统组织模式为什么强调管控

因为建筑企业的超级"黑盒子"体质，凡是"看不见、看不全"的地方，都可能出现跑冒滴漏，小则造成扯皮救火，影响经营效益；大则酿成重大事故，后果不堪设想。**真是不管不行啊！**

令人备感痛苦的是，就算费时、费力、费心地管了，也不行。在传统组织模式下，无论是岗位层，还是项目层，在经营结果上都普遍出现了**"均值低、方差大"**的问题（详见第三章）。问题的根源，还在于建筑企业的"黑盒子"体质。

数字化组织为什么不强调管控，而是强调赋能

不强调管控不是没有管控。当数字化可以点亮"黑盒子"，做到系统性的透明可见时，**透明就是最好的管控**；当数字化可以管好"黑盒子"，激活"黑盒子"，做到系统性的高效运转及持续进化时，**数字化就是最好的赋能**。

比如陕西建工的数字化大集采的例子。

过去，物资材料的采购，流程不透明、标准不清晰、暗箱操作等情况时有发生，交付品质难保障、采购资金周转慢等经营问题经常出现。从经营效益看，物资材料采购成本是工程项目总成本中占比过半的大头；从质量安全看，物资材料的品质是根本，以次充好、缺斤短两，都可能造成重大事故。不规范，不管控，行吗？

而且，一是由于业务规模大、业务板块多，二级单位也多，不同单位、不同项目的需求情况不一样，不同类型、不同材料的供应情况不一样，各个方面需要对接的各类物资材料供应商数量繁多，二是由于采购工作链条长、环节多，从寻源招标、质量把控、价格谈判、合同签订，到订单下达，到交付验收、结算打款，再到持续性的供应商评价及管理，各个环节面临的情况都不尽相同。采购工作不仅难度高、强度大，而且诱惑多，要培养出经验丰富、能力强，而且能长期坚持原则的"老法师"，实在不易。

现在，有了数字化大集采平台的**系统性赋能，采购的作业及管理方式被彻底改变，变得极为简单、高效。**

对广大基层单位及工程项目的采购专员来说，要做好采购，只需做好一件事——下单。小到螺丝钉，大到钢结构，细碎到各种办公文具，都可以随时随地在手机 app 上直接下单。就这么简单，"小白"都能干好；就这么直接，即便想犯错误都没有机会。至于采购工作的其他环节，采购专员几乎都不用操心。

对采购管理人员来说，不必再为"流程不透明、标准不清晰、暗箱操作、交付品质难保障、采购资金周转慢"等问题操心，只要是在数字化工具系统上完成的采购作业，就必然是透明的、规范的，符合业务、财务及其他相关要求的，而且是数字化留痕的。这样的留痕，系统永远不会忘记，今后随时可以调阅，如果真的出现问题，随时可以进行追责。

通过数字化，貌似没有管控，实则做到了有效监督，严谨细致到了每时每刻、每人每事。

对经验丰富、能力强的采购"老法师"们来说，在数字化大集采平台的建设过程中，他们的经验和能力得到了充分的挖掘和沉淀。这些经验的覆盖面很广，比如，有关合同中涉及的质量标准、定价规则、验收标准、对账依据、账期要求、付款条件等诸多规则条款的经验，履约中涉及的多个订单、多次发货、多次结算、多次开票等诸多执行细节的经验，合作中涉及的订单协同、到货协同、对账协同、发票协同、付款协同等诸多协同节点的经验等。

把这些经验与数字化平台结合起来，就能做好**采购工作与不同组织层级、不同职能条线之间的顺畅对接**，让施工现场的项目管理人员在进行材料验收时，做到有据可依；让财务管理人员在进行对账结算时，做到有底可查。

除了挖掘和沉淀内部经验及最佳实践，还可以充分借助外部数字化生态合作伙伴见多识广的乙方优势，分品类持续完善交易过程，提升交易体验，分特征持续优化采购策略及模式选择，让数字化平台越来越强大，让降本和提效越来越持久。

就这样，陕西建工通过数字化大集采平台，在供应商、集团总部、二级单位及项目部之间，实现了信息流、合同流、物流、发票流及资金流的透明可见、高效运转及持续进化，对采购一线作业人员、采购管理人员及与采购工作相关的业务及职能条线，做到了有效管控及系统性赋能。

再比如绿城中国的数字化在线成本测算的例子。

对房地产企业来说，最为重大的业务决策就是拿地。

拿地是所有工作的源头，其成本也是所有成本中的大头。如果拿地环节的成本过高，后面再怎么补救，调整空间都有限。拿地环节不仅业务重要性高，时间紧迫性也高，毕竟时间窗口有限，经常是"过了这村就没这店了"。因此拿地决策既要质量高，又要速度快，而这几乎是不可能实现的。

这样的难题，唯有数字化才能破解。正如《贝佐斯的数字帝国：亚马逊如何实现指数级增长》一书对亚马逊决策机制的提炼与拆解，**有数字化加持的决策，真的可以做到"质量高，速度快"**。绿城中国的在线成本测算，就是这样的实例。

在作业及审核环节，过去的作业模式是通过人工在线下用 Excel 表格做，其中不仅有因人工作业在计算公式及建模方面出错的隐患，而且有因能力和经验不足在数据口径方面偏离的风险。做得费劲，审得痛苦，一个项目就得花费一周的时间。

现在，有了数字化系统的系统性赋能，成本测算的工作难度及强度大幅下降。成本测算作业人员，可以根据地块实际情况，从线上成本数据库 8 大系列、22 个品类、22 种风格和多种档次的产品谱系，以及 103 个城市的 2104 套成本标准中，选取合适的测算标准；还可以根据系统自带的工具模板及公式模型、固定的口径，实现自动计算，自动审核，**极大地提升了成本测算工作的质量及效率**，原本三四天才能完成的工作，现在只需不到六小时。

在决策环节，过去领导提个问题，做个调整或要个分析，需要下周开会才有回复，现在不仅很快就能看到结果，而且能横向拉通各区域，纵向打通各历史项目，自动对标，自动分析，**极大地提升了成本决策的质量及效率，极大地提升了对拿地决策的支撑力度**。

数字化组织凭什么不强调管控，凭什么能做到系统性赋能

通过上面的两个例子，大家有没有感受到数字化对组织模式的深远影响呢？

数字化组织凭什么不强调管控呢？因为数字化工具系统就是**无声无息的命令**。

只要流程清晰、规则明确，无论何人都能铁面无私，无论何事都能跨越时空阻隔，不折不扣地严格执行，原原本本地记录在案。这样不仅做到了管理前置和过程监督，而且支持事后追责，既"看得见、看得全"，又"看得清、看得准"，还"看得远"，让人即便想犯错误都难有机会，即便一时侥幸钻了空子，事后追溯时也难逃法网。

数字化组织凭什么能做到系统性赋能呢？因为数字化工具系统就**是无微不至的赋能**。

这主要体现在三个方面。一是，数字化工具系统承担了大量的重复性工作，比如成本测算中的公式编写、模型搭建及标准审核等工作，降低了工作强度，释放了人的精力。二是，数字化工具系统提供了强大的经验性支撑，比如在物料采购中的质量标准、定价规则及合同条款等方面的经验性支撑，降低了工作难度，提升了人的能力。三是，数字化工具系统还在动态地持续性迭代，不断挖掘和沉淀最佳实践，力求始终代表企业乃至行业的最高水平，进一步提升工作体验、效率及质量，持续**"提升均值，缩小方差"**。

数字化工具系统就像是与员工并肩作战的战友、为员工保驾护航的"老法师"、帮员工成长和成功的教练或导师，时时刻刻相伴左右，给员工提供既强大又贴心的系统性赋能。

从管控到系统性赋能，就是数字化组织中企业与员工的关系正在发生的悄然改变。

****

对建筑企业来说，建筑项目是最小经营单元，也是企业盈利的核心来源。过去，由于建筑项目的"黑盒子"体质（高度的系统复杂性和高度的系统不透明性），项目管理往往陷入"四个滞后"（即发现滞后、决策滞后、行动滞后、反馈滞后），项目管理人员总是苦于"扯皮救火"，不仅经营结果差，而且身心消耗大。

对于项目管理这个建筑行业的老大难问题，数字化能否做好系统性赋能呢？下面将结合联投置业的实战案例，带你一探究竟。

建筑企业数字化转型实战案例系列

联投置业：如何借助数字化平台，为项目管理提质提效、减压减负

联投置业成立于 2009 年 5 月，是湖北联投集团旗下的核心子公司之一，专注于区域综合开发、城市功能升级及城市空间服务等业务，致力于成为全国领先、特色鲜明、效益显著的城市更新产业先行示范者。

2021 年，联投置业逆势增长，实现了销售额过百亿元、总利润过十亿元的佳绩，并成功跻身"中国房地产百强企业"、华中十大品牌房企及武汉本土头部房企。

面向未来，联投置业在"十四五"规划中，提出了三大战略目标：一是经营结果，2025年要实现200亿元收入、30亿元总利润；二是战略布局，先聚焦武汉城市圈、武鄂一体化和光谷科创大走廊核心区域，覆盖"1+8"城市圈及"襄十随神""宜荆荆恩"城市群，再择机拓展京津冀、长江经济带、粤港澳大湾区等重点区域；三是核心定位，要全面完成向"城市更新全产业链综合服务商"的转型。

建筑项目是建筑企业的立身之本。联投置业三大战略目标的达成，都离不开项目管理的有力支撑。

因此，联投置业**对项目管理，明确了两大核心要求：**

- 第一，质量攻坚：实现从"质量合格"到"高品质"的质量提升。
- 第二，提升品牌美誉度：实现从客户"知道联投"到"认可联投"的品牌提升。

这意味着，每个项目都必须破解"黑盒子"体质，解决高度的系统复杂性和系统不透明性，做到工序级的精细管理、项目层的风险防控、企业层的高效协同，以及单客级的品质保障。面对这样的高难度、高标准，**如何做到提质提效呢**？

施工现场情况复杂，项目管理头绪众多，各种突发问题层出不穷，项目管理人员长期处于"扯皮"和"救火"之中，身心消耗极大。如何切实改善他们的工作体验，在帮他们达成更高要求的同时，**真正为他们减压减负呢**？

面对建筑行业的超级"黑盒子"体质，系统性数字化是唯一的答案。

2022年2月1日，联投置业启动了为期3个多月的深度调研和需求挖掘。经过综合指标的多方比选，它选定了一家深耕建筑行业多年、理念产品领先、实践经验丰富的数字化生态伙伴，并于同年5月10日，正式启动了"联投U建"数字化项目管理平台建设（见图8-1）。

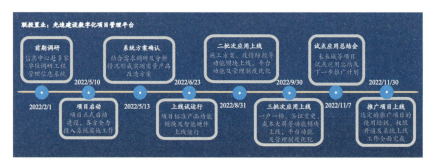

图 8-1

真是磨刀不误砍柴工。由于前期需求挖掘到位，数字化生态伙伴支撑给力，才正式启动"联投U建"建设3天，就确认了数字化项目管理平台的系统方案；不到一个半月，即2022年6月23日，"联投U建"就实现了项目标准产品功能模块及智能硬件的上线试运行；8月31日及9月30日，联投置业分两批次上线了施工方案、疫情防控、一户一档、签证变更、成本大屏等功能模块，并进行了平台功能及管理制度优化。截至10月31日，联投置业已在3个试点项目中成功运行10大功能模块。短短几个月，反馈热烈，成效显著。

2022年11月7日，联投置业召开了试点应用总结会，决定乘势而上，进行迭代和推广。11月16日，联投置业组织完成了所有项目的上线应用；11月30日，联投置业全面完成所有推广项目的使用培训、权限开通及系统上线工作，并制定了后续功能模块的上线规划。

不愧是发源于武汉光谷的房产企业！但是，联投置业"**光速建设**"的数字化项目管理平台，真的能完成"既要提质提效，又要减压减负"的任务吗？

提升质量：岗位层的精细管理

要想提升质量，就要把质量管理做到岗位，做到工序——建筑企业的最小作业单元。

要想做到岗位层、工序级的精细化质量管理，就要把以下四件事做到位：第一，明确质量标准；第二，严控材料质量；第三，严控工序质量；第四，狠抓质量问题整改。

这四件事听上去毫无新意，过去不就是这么要求的吗？但关键在于，建筑行业由于独特的"黑盒子"体质，难以将这四件事真正做到位。毕竟，仅凭个人有限的精力、经验，面对复杂多变的施工现场，要在这么多岗位、工序上做到"看得见、看得全、看得清、看得准、看得远"的精细化质量管理，的确是不可能的。

现在有了数字化加持，借助**数字化系统超强的战斗力、记忆力及执行力**，岗位层、工序级的精细化质量管理不再可望而不可即。

首先来看明确质量标准。

这个环节的核心痛点，不是没有质量标准，而是查阅调用困难。

与建筑行业很多的领军企业一样，联投置业也针对不同类型的项目、不同种类的工序及不同的工艺工法，编制了极为详尽的作业规范及质量标准。但是，由于建筑行业的高度复杂性，这样的规范和标准整理成册后，有好几大本，共一两千页。

经验丰富的"老法师"对这些规范和标准早已烂熟于心，在处理现场各种问题时，根本不用查询，就能轻松搞定。然而，由于行业性的人才短缺，尤其是项目管理的"老法师"青黄不接，不少工作经验有限，甚至刚毕业、刚入职的"小白"员工就被"赶鸭子上架"般地推到了项目管理岗位上，到了具体场景中，即便抱着这几大本的规范和标准，他们也不知道怎么查。

于是，联投置业修订和完善了项目管理的八大制度，搭建了在线知识库及标准库，并在数字化项目管理平台上，结合具体工序、工艺工法及管理场景（如工序验收、材料验收及安全检查等），实现了自动分发、自动调用、实时分享及实时推送，真正做到"明确质量标准"，**让质量管理有章可循。**

然后来看严控材料质量。

这个环节的核心痛点，不是没有材料质量标准，也不是材料进场时没有质量把关，而是验收过程不透明、验收资料难留存、出现问题难追溯。

于是，联投置业通过数字化项目管理平台及手机app，对进场材料的规格、型号、数量、进场时间及验收人员等关键信息进行实时记录，不仅把材料验收、封样及送检等工作从线下搬到了线上，而且在后台自动形成了验收台账，以备后续审核及项目成本管控，真正做到了"严控材料质量"，**让质量管理有据可依**。

过去，验收环节比较随意，看一眼，点个头，就过去了。由于验收单据没留存，验收责任难追溯，常常在结算时出现因双方数量对不上而产生的拉锯和扯皮。现在，通过手机 app，实现了"举牌验收"，验收记录长期保存、验收责任明确到人，之前常见的验收扯皮现象都不见了。

接着来看严控工序质量。

这个环节的核心痛点，不是没有工序质量标准，也不是没有工序质量验收，而是从施工方到监理方，再到建设方，都没有按时、按规范要求，做好验收、资料留存及后续跟进，造成带病移交、工程返工及责任扯皮等一系列的问题。

于是，联投置业从工序验收的全面性、及时性及真实性入手，借助数字化工具系统强大的监督及跟进能力，"毫不松懈地、明察秋毫地，跟盯催检到每道工序、每项标准、每家参与方"。

具体来看，联投置业主要采取了三大举措：一是建立验收台账，实时跟进各项工序的验收状态，如进度、时间、责任人及资料留存等，督促施工方、监理方及项目管理人员及时检查和验收，帮助大家养成及时验收的习惯；二是自动比对和审核各工序验收的时间、地点及图片信息，避免验收遗漏，及时发现虚假验收的情况（如混凝土浇筑验收时，监理方没有去现场，没有跟着熬夜，而是第二天上午在办公室里远程批量上图验收）；三是利用智能硬件，如能通过蓝牙连接手机 app 的智能靠尺，做到实测实量，实时自动上传实测数据，有效防止了事后篡改，避免了验收把关不严、质量合格率虚高的问题。虽然仍有提升空间，对工序质量问题还做不到百分之百的防范、解决，但已在"严控工序质量"方面，在工序验收的全面性、及时性及真实性上，有了量级性的进步，**让质量管理有错必纠**。

最后来看狠抓质量问题整改。

这个环节的核心痛点，不是发现质量问题却完全没有整改，而是没有形成有效的 PDCA 管理闭环，对是否整改、何时整改、质量问题是否解决缺乏有效的监督及跟踪手段，造成整改慢、复查难，一旦曝出重大问题，往往会陷入先救火再返工，再扯皮的恶性管理模式。

在这方面，数字化工具系统强大的监督及跟进能力再一次得到了发挥与证明。无论是在工序验收环节，还是在质量巡检环节，各参与方只要发现质量问题，就可以通过手机 app 将问题实况拍照后上传，形成待整改质量问题清单。剩下的跟进落实工作就交给数字化平台，比如数字化平台可以实时通知相关各方，提醒施工方整改，督促监理方及时到现场复检，推动及时、真实及有效的质量整改，减少返工，降低风险，真正做到"狠抓质量问题整改"，**让质量管理有错必改**。

唯有做好岗位层、工序级的精细管理，让质量管理有章可循、有据可依、有错必纠、有错必改，做好要求前置，才能真正提升品质，少返工、少扯皮。

减压减负：项目层的风险防控

对项目管理人员来说，造成最大心理压力的还是施工现场各种来源多、频次高、不可控性强的突发变化，如天气环境变化、高危环节、高风险作业以及人为违规操作，造成的进度延误风险及安全风险。

人的时间和精力毕竟有限，现场情况又这么复杂多变，即便不眠不休，也很难看得全、看得清、看得准、看得远，那感觉就像是坐在火山口，不知道什么时候就会出事，就得救火。

这恰恰是发挥**数字化系统的超强战斗力、推演力及进化力**的绝佳场景。

首先来看进度延误风险。

这个环节的核心痛点，不是没有进度计划，而是进度计划没在线，具体表现在：重要节点缺提醒，进度情况获取慢，了解进度主要靠定期的月报和不定期的微信，没有实时的反馈预警。通常是起初一切都好，你好我好大家好，然后突然就不好了，而且经常是一出现逾期，就是大面积逾期，等到这时再追进度，早已错过了最佳时机，实在是回天无力。这就是建筑项目管理中典型的"四个滞后"，即发现滞后、决策滞后、行动滞后及反馈滞后。

于是，联投置业把数字化的重点放在了在线编制、前瞻预警及实时反馈三个环节上。一是，进度计划在线编制，对施工方、监理方及建设方三方透明可见；二是，重大节点做好提醒，风险节点前瞻预警，并分颜色显示预警级别；三是，逾期情况实时反馈，第一时间通知直接责任人，必要时通知公司领导，从而彻底扭转四个滞后的被动局面。此外，联投置业还上线了"多项目进度实时对比"，督促落后的项目自觉整改。

接着来看安全风险。

这个环节的核心痛点，不是没有安全意识、安全巡视，而是施工现场的安全隐患多、高危环节多，完全靠人力的确很难看得全、看得清、看得准。

于是，联投置业把数字化的重点放在了全时监测、规范落实、自动报警及最佳实践沉淀四个环节上，大量使用智能硬件，在做好风险防范的同时，帮助项目管理人员减负（见图8-2）。一是，通过智能硬件，全方位、全天候监测关键风险源，比如塔吊、基坑、高支模及大型机械设备等，这样就不用三个人三班倒地值班；二是，通过智能硬件，监督落实各项安全规范要求，比如戴安全帽、穿反光衣以及禁止违规抽烟、乱扔烟头等，监督现场安全员及项目管理人员每天做好安全定点巡查；三是，通过智能硬件，进行实时数据分析，一旦出现异常，立即自动报警，比如塔吊的力矩报警、高度报警及违规操作报警等；四是，通过数据持续发掘优秀做法，沉淀最佳实践。

唯有做好项目层的风险防控，针对进度延误及安全风险，针对每个关键风险源，通过数字化做好7×24小时的全时监测、前瞻预警、实时反馈及自动报警，彻底改变四个滞后的被动局面，做好风险前置，才能真正帮助项目管理人员减压减负，才能少出事、少救火。

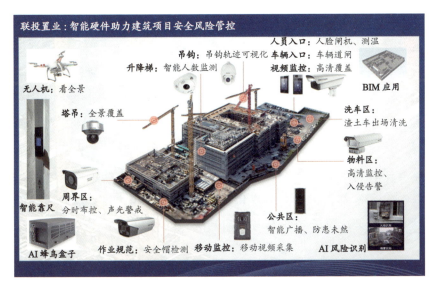

图 8-2

提高效率:企业层的高效协同

建筑行业的"黑盒子"体质,不但体现在高度的系统复杂性上,还体现在高度的系统不透明性上。既有组织内部的跨层级、跨条线间的不透明性,也有组织外部的各参与方间的不透明性(详见第二章)。

过去,推动横向的跨部门合作、纵向的跨层级互动,以及各参与方间的协同基本都得靠人——靠人跑,靠人汇报。比如,甲乙方之间连发个通知,都得通过专门的资料员来回传递信息;再比如,要提报项目到公司层面进行跨部门审批,也得一个部门一个部门地拜码头,跑得勤才批得快。不光效率不高,可靠性和准确性也无法保证。

这恰恰是发挥数字化系统的超强连接力的绝佳场景。

于是，联投置业把重点放在了数字化的系统对接上。一是，通过数字化的系统对接，把项目管理与成本、设计及客户等部门打通，实现了跨系统审批，极大地提升了跨部门的协同效率；二是，通过数字化的项企一体化，实现了公司层的一屏统览，从而实时统一监控及对比各项目在各维度的推进情况，快速发现问题，快速解决问题，极大地提升了决策层的工作效率；三是，通过数字化项目管理平台，实现了施工方、监理方及建设方的三方联动，大家都在同一个数字化项目平台上工作，同步看到同样的信息，极大地提升了各参与方间的沟通及协同效率。

唯有做好企业层的高效协同，在各条线、各层级、各参与方之间实现数字化的系统对接，才能真正做到系统性的透明可见及高效运转。

提升客户体验：单客级的品质保障

过去的项目管理，主要聚焦在"进度、质量、安全及成本"上，对客户体验关注得比较少。联投置业如何达成其"十四五"规划对项目管理的第二大核心要求：提升品牌美誉度：实现从客户"知道联投"到"认可联投"的品牌提升呢？

对购房客户来说，无论房企多大牌、小区景观多别致、公共区域多贴心，收房那一刻看到的房屋状态才是关键。一旦出现房屋渗漏、空鼓开裂、门窗破损等常见敏感问题，前期积累的好感即刻归零，品牌美誉度更无从谈起。

于是，联投置业在数字化项目管理平台上，针对对客户体验影响大的重点环节，采取了三大举措：一是，建立"一户一档"，在工序验收及问题整改时，具体到户；二是，升级"一级工序"，在日常工作中提升各方对相关工序的重视度及优先级，对客户敏感问题进行专项盯防；三是，落实"一户一检，联合验收"，在项目交付前，组织各部门及各参与方，针对每户进行联合验收，并针对发现的问题，要求交付前100%整改完毕，并将整改情况与工程款结算直接挂钩。

唯有做好单客级的品质保障，让每家每户都能得到精细到工序级的品质保障，才能真正提升客户体验，才能真正赢得客户的认可，提升品牌美誉度。

在总结数字化项目管理平台的试点经验时，联投置业发现**数字化的成败关键在于"用"**——用则生生不息，不用则镜花水月。

从2022年6月23日上线试运行到10月31日，在4个月中，3个试点项目的管理人员通过联投U建完成材料验收1390批次、工序验收2079次，其中实测实量点位达4044处；发现质量问题296条，其中92.4%已完成整改，沉淀相关最佳实践95个；重点监督重要节点166个，前瞻预警26次；发现安全问题481条，AI安全预警2105次，沉淀相关最佳实践214个；提前处理渗漏17处，交付前发现问题2932条，正在整改解决中，目标是100%解决，不解决就不结款。

通过数字化项目管理平台的系统性赋能，联投置业的项目管理人员终于可以借助数字化系统的"六大超能力"，改变"四个滞后"的被动局面，摆脱"扯皮、救火"的持续消耗，实现岗位层的精细管理、项目层的风险防控、企业层的高效协同、单客级的品质保障，做到既提质提效，又减压减负。

希望它的探索与实践，对大家有启发、有帮助。

在建筑行业，项目管理对企业经营的重要性、项目经理对组织能力的重要性，不言而喻。企业领导者一定要充分借助数字化，做好**对项目经理的系统性赋能**，帮助他们建立正确的数字化理念，掌握先进的数字化工具，更快地成长为能帮助企业制胜未来的数字化管理人才。

2022 年 12 月，中建某局就邀请其数字化生态伙伴，为麾下 1000 多位项目经理进行了数字化培训与赋能。这样的思路及做法，值得大家参考和借鉴。

企业与客户的关系：从同质化到差异化领先

建筑行业的未来之路在哪里

中国建筑行业已经告别了高增长时代，行业增速连续 10 年放缓。这意味着什么呢？

高增长时代的结束，意味着同质化竞争必将异常激烈。过去大家战略趋同，模式类似，能力差距不大，还能靠市场赢红利，靠增长冲业绩，靠规模累效益。一旦市场增速放缓，甚至某些细分领域还出现了负增长，同质化竞争激烈度必将加剧，传统的发展模式必然难以为继，大家的日子就越来越不好过。行业整体利润的持续下滑（现已跌破 3%）就是最好的印证。

这对规模千亿级、万亿级的行业龙头（比如前文提到的绿城中国、陕西建工及上海宝冶等）来说，已然是**极大的竞争压力**。对数十万的中小建筑企业来说，更是**现实的生存压力**。无论是拼业务规模，拼客户关系，还是拼资金家底，中小建筑企业都没有优势。

如何在行业增速放缓、竞争日趋激烈的大环境中，找到破局点，构建新的核心能力，打造差异化竞争优势，实现弯道超车，真正脱颖而出？建筑行业的未来之路在哪里？

党的十九大明确提出，"我国经济已由高速增长阶段转向高质量发展阶段"；党的二十大再次强调，"高质量发展是全面建设社会主义现代化国家的首要任务"。**高质量发展**，就是建筑行业的未来之路。

建筑行业如何实现高质量发展

从需求的角度看，人民对美好生活的热切向往，国家对"双碳"目标的庄严承诺、对建设"数字中国"的坚定决心，都对建筑行业提出了更高的要求。

从供给的角度看，建筑行业目前发展相对滞后，还处于管理粗放、作业强度大、作业环境差、安全事故多、进度延后多、成本超支多、能源消耗大、产品及工程质量亟待提高的初级阶段。

面向未来，**绿色化、工业化、数字化**必将成为建筑行业高质量的关键，必将带动整个行业的转型升级。

绿色化。现代社会中，人类活动 80% ～ 90% 的时间都是在大大小小的建筑物中度过的；人们不仅需要有房，而且要有健康、舒适、高效、与自然和谐共生的个性化生活空间。然而建筑行业的直接及间接能耗占全国社会总能耗的 45.7%，全国既有的建筑中，高能耗建筑占比高达 95%。

无论是为了满足人民对美好生活的热切向往，还是为了达成"双碳"目标，建筑行业都需要转型升级，实现从建筑实体到建设过程的绿色化。

工业化。建筑行业目前的生产方式还比较初级，还以现场砌筑、现浇施工为主，手工作业、现场作业、户外作业占比较高，不仅劳动生产率较低，而且质量安全保障差，急需借鉴工业化生产过程，参考工业化品质标准，向工业化生产方式转变。

为什么苹果公司新总部能够做到极致的绿色、极致的节能环保？除了其使用了能充分利用气候环境、地形地势及空气动力学原理的精妙设计，工业化毫米级的施工精度也是重要的保障，即要像制造苹果手机一样建造苹果总部。

数字化。数十年来，广大建筑行业同仁面对绿色化、工业化，不是不想，而是不能。在过去的技术条件及管理模式下，面对建筑行业的超级"黑盒子"体质，的确没有破解其高度的系统复杂性和系统不透明性的有力支撑。

随着数字时代的到来，数字技术及数字化系统的超能力让苦"黑盒子"久矣的建筑人看到了希望。如果能做到"建筑实体的数字化"及"建设过程全要素、全周期、全参与方的数字化"，实现"业务、管理、能力"的数字化，那么不仅能把建筑企业变成"透明高效、持续进化"的"数立方"，而且能支撑建筑行业完成"绿色化、工业化"的转型升级。

别的不说，如果没有数字化的支撑，想做到毫米级的施工精度，实现工业化的品质保障,几乎是不可能的。

三化融合的高质量发展,无疑是建筑行业的大势所趋。

建筑企业怎样打造差异化竞争优势

沿着这个思路继续深入,建筑企业要想突破重围,摆脱低水平的同质化竞争,必须顺应行业"三化融合的高质量发展"大趋势,必须借助数字化系统的超能力,构建新的核心能力,形成差异化竞争优势。只有这样,才能满足时代发展对建筑行业的更高要求,才能为自己赢得生存空间,才能真正脱颖而出,制胜未来。

这既是千亿级、万亿级的建筑行业领军企业**义不容辞的重大历史使命**,更是数十万中小建筑企业**弯道超车的绝佳历史机遇**。

瑞森新建筑(简称瑞森)是一家典型的中小民营建筑企业。该公司成立于2004年,总部在山东济南,年收入不过几亿元,总员工数也就两百多。从历史沿革、人员体量到业务规模,都与前文提及的中建、陕西建工及上海宝冶等龙头企业相差好几个数量级,几乎毫无竞争优势可言。

然而,就是这样一家在行业中默默无闻的"小字辈",却成为建筑企业数字化转型的行业标杆:它不仅聚焦高性能建筑及精益建造,打造了独具特色的**"数字建造"** 差异化竞争优势,而且翻译了《集成项目交付》(59万字),编著了《数字建造技术应用与实践》(35万字),为中国建筑行业的数字化探索做出了突出贡献。

它是怎么做到的呢?

成立之初，瑞森的主营业务是施工。早在 2008 年，瑞森就开始探索 BIM 技术，并尝试将之应用到 3D 管道建模中，指导管综排布及现场施工，对此客户非常满意。就是这样的正反馈，令瑞森体会到了技术的力量，逐步坚定了技术立身的经营思路。

BIM 技术是数字建筑的基石，是建筑实体数字化的载体，是建筑企业产品交付的数字化。为了加强自己的先发优势，瑞森随即于当年成立了 **BIM 技术中心**，专人负责技术深耕及业务赋能。后来，它在每个项目上都成立了 BIM 工作站，专人专岗负责深化设计。

2015 ～ 2016 年，作为广联达的标杆客户，瑞森与广联达进行了多次交流，它们惊喜地发现双方在推动建筑行业转型升级方面，在探索数字技术应用及企业数字化转型方面，不仅志同道合，而且思路一致。

2017 年，随着广联达正式启动二次创业，致力于"打造数字建筑平台，成为全球数字建筑平台服务商的领导者、建筑行业数字化转型的使能者"，瑞森也开始认真学习数字化，深入思考自己的**数字化转型之路**。

回想当年，瑞森对施工企业的数字化转型该怎么做还不太清晰，**但有三点，它特别明确：**一是定位，不是放弃现有施工业务，而是通过数字化让现有业务做得更好；二是目的，不是为技术而技术，而是要赋能业务，最终还得落到"降本、提质、增效"这三件事上；三是过程，不可能一蹴而就，很可能道阻且长，必须小步快跑，持续迭代。

2018 年 5 月，广联达作为建设方，开始了"西安研发中心"项目的筹建过程。既然立志成为数字建筑平台服务商，就要敢于躬身入局，拿自己练手，以全新的**数字化生产力及生产关系**完成真正意义上的**数字**

建筑的数字建造。

如此不走寻常路的建设方该去哪里才能找到同样不走寻常路、愿意尝试数字化"新建造"的施工总包方呢?放到今天,也许应者如云;但在当时,广联达多次被拒。就在一筹莫展之际,广联达想到了与自己志同道合的瑞森,双方一拍即合。

要探索建筑行业全新的数字化生产力及生产关系,该去哪里找参考样本呢?2018年10月,广联达和瑞森结伴参观了苹果新总部、苹果旗舰店,拜访了斯坦福大学集成设施工程中心及DPR建筑公司(苹果新总部的施工总包方)。

参观过程中,大家被苹果**"工艺品"般的建筑品质**深深震撼。从楼梯到外墙,再到幕墙玻璃,从楼梯材质到扶手圆弧,再到楼梯接缝,都有如雕塑作品一般,处处精心,处处完美。就在那一刻,有种强烈的愿望从众人的心底升腾起来:"要是咱们中国的建筑也能做成这样,那该多好!到那时,作为建筑人,咱们得多骄傲和自豪!"

拜访过程中,大家被几方不约而同、高频提及的**"三个关键词"**深深触动,这三个关键词为:**高性能建筑、精益建造、集成项目交付(IPD)**。这不正是大家想探索并实践的数字化生产力和生产方式吗?

什么是高性能建筑?就是建筑实体应当符合可建造性、可使用性、可运维性和可持续性的标准,建设过程安全高效、运维简单、使用便利,既经济实惠,又符合审美,还有益于人与环境的和谐。

什么是精益建造?就是在建设过程中以更低的成本、更短的延迟、更小的不确定性、更少的浪费,建造更高性能的建筑,实现更高的客户满意度，达到项目收益最大化和浪费最小化的目标。

什么是集成项目交付？就是建设方、设计方与施工方等各参与方，以项目为中心，在数字化平台的赋能下，构建风险共担、价值共创、利益共享的新型生态伙伴关系，形成项目利益共同体，高效协同，合作共赢。

为什么这么不约而同？因为两位斯坦福大学的教授与两位DPR建筑公司专家，在2017年，刚刚携手完成了一本名为《集成项目交付》的专著，系统性地阐述了IPD的相关概念、简明框架及应用指导，并引用了大量的工程案例，结合精益建造、BIM及各项数字技术，为IPD模式的应用、建筑行业的转型升级、建筑企业的数字化转型提供了很好的参考和指导。

这不正是"绿色化、工业化、数字化"的大势所趋吗？原来全球建筑人都是同路人。

通常，企业在学习参访时，了解到行业新书，最多也就是买一本看看。但瑞森真是不走寻常路，它毅然决定动手翻译，从而倒逼深度学习。鸿篇巨制、行业前沿，谈何容易。为了确保能深刻理解书中的内容，瑞森先后三次赴美，与作者进行深入交流；为了确保精准翻译，瑞森还特意邀请了广联达的创始人刁志中先生以及DPR建筑公司的董宁博士审校把关。前后历时三年多，长达59万字的《集成项目交付》中文版，终于在2021年5月正式出版。

学习只是手段，行动才会改变。2019年，瑞森成立了**精益建造中心及IPD中心**；2020年，成立了**高性能建筑研究院**，研究建筑全生命周期服务。这些既是着眼长远、布局未来的战略需要，也是服务当下、极为迫切的业务需求。

在那段时间里，瑞森不仅以 IPD 模式承担了广联达西安大厦的数字建造，还承建了施工精度达到毫米级、施工难度达到世界级的山东省肿瘤医院质子临床研究中心（简称质子中心）项目。（关于听上去平淡无奇的质子中心项目究竟有多难，以及瑞森是如何凭借数字化精益建造创下三个世界第一的，详见本节后面的实战案例。）

在追求技术突破的同时，瑞森也在不断升级认知，持续迭代战略。

2019 年，瑞森全员学习了广联达的《数字建筑白皮书》；2020 年，瑞森从核心层到中高层，再到所有的项目管理人员，集体研读了《贝佐斯的数字帝国：亚马逊如何实现指数级增长》《硅谷钢铁侠：埃隆·马斯克的冒险人生》《丰田模式：精益制造的 14 项管理原则》等经典图书及大量相关的重点文章。

2020 年 8 月，瑞森正式启动了数字瑞森项目，全面展开了数字化转型；2021 年 1 月，瑞森明确了自己的战略定位及发展目标，并参考广联达"看九年，想三年，做一年"的方法，完成了战略规划。

面向未来，瑞森秉承"更好、更快、更简单"的核心理念，致力于**"引领数字建造"**，成为**"数字时代高性能建筑的首选承包商"**，为业主提供**"项目全生命周期解决方案"**。

在"要高质量，还是要大规模"的发展模式问题上，瑞森坚持**"高质量发展"**，聚焦医疗建筑、科研办公、工业建筑及高端住宅等，建筑性能要求高、施工难度大、复杂度高的建筑项目。不求规模上的虚胖，只求质量上的领先。

在能力构建上，瑞森聚焦建设**"数字化核心能力"**，打造**"基于 BIM 技术的数字化精益建造"**差异化竞争优势，从施工向行业上下游延展，构建面向建筑全生命周期的服务平台。面对激烈的行业竞争，"我们最擅长的，不是拼关系、拼酒量，而是拼实力，拼数字建造的硬实力"。

在业主选择上，瑞森聚焦**"数字化意识强、质量要求高"**的建设方，比如科技公司、医疗机构、上市公司、行业龙头等对自身产品要求高、对建筑品质要求高、对节能环保等社会责任要求高的领军企业。就像苹果公司之于 DPR 建筑公司，优秀的业主能成就划时代的建筑项目，能练就引领未来的建筑企业。

在路径选择上，瑞森把**"数字化转型"**作为核心战略，按照工序级、项目层及企业层数字化的步骤，分步推进。瑞森第一阶段小目标是，聚焦工序级和项目层数字化，打造数字建造的核心能力，积累相关基础数据，为企业层数字化夯实基础。

在组织建设上，瑞森聚焦**"数字化赋能"**建设，通过知识库、方案库及人才库等模块，沉淀组织能力，加强系统性赋能。比如，把多年深耕医疗项目的经验能力沉淀在数字化项目管理系统上，把所有做过医疗项目的工程师的专业特长，通过数据及标签，显示在数字化人才管理系统中；再比如，针对医疗建筑设计变更多、信息同步慢的管理痛点，搭建数字化图纸变更管理系统，统一信息接口，做到面向所有相关方的自动、实时更新。

所谓"念念不忘，必有回响"。就在瑞森起心动念，想要探索"项目全生命周期解决方案"，摸索**新运维业务**之时，山东省肿瘤医院主动把为期三年、建设成本过千万元的质子中心的运维合作，托付给了瑞森。

为什么业主会主动邀请？因为面对国际领先、国内首批的质子中心，以及涉及 8 大专业、32 个子系统的精密医疗仪器和复杂管线，一般的物业管理公司不可能像瑞森这样的数字化施工方一样，精确了解每个部位、每条管线、每个系统、每台设备、每一毫米的建筑构成及运行机制。

对业主而言，既然已经投入了巨额的建设成本，就要尽可能保障正常运转，尽可能优化运行成本，尽可能延长使用寿命。与运转保障、成本优化及寿命延长所创造的价值相比，千万元的运维支出与其说是费用，不如说是非常划算的投资。

顺势而上，瑞森于 2021 年 8 月启动了山东省肿瘤医院质子中心运维平台的研发（见图 8-3）。2021 年 9 月，瑞森成立了**数字孪生技术中心**，并集成瑞森高性能建筑研究院、瑞森新运维、大葱科技、德森数字劳务与瑞森新建筑等业务，推出了建筑全生命周期服务。

图 8-3

根据 2022 年 4 月出版的《数字建造技术应用与实践》一书的介绍，瑞森目前已经通过施工现场管理、项目成本管理、工程安全管理、工程质量管理、工程资料和劳力资源管理的数字化，**全面实现了工序级和项目层的数字化。**

回溯瑞森的数字化历程，我们会发现**三个显著特点：一是布局早**，对数字时代的大势所趋，对数字建筑的核心理念及关键技术，对数字建造技术的应用与实践，瑞森几乎都走在行业的前列；**二是钻研深**，对高性能建筑、精益建造、集成项目交付模式等行业前沿，瑞森不仅有深入的学习交流、刻苦的专著翻译，还有丰富的探索与实践；**三是实力强**，尤其是在"基于 BIM 技术的数字化精益建造"方面，在面对建筑性能要求高、施工难度大、复杂度高的建筑项目时，瑞森的差异化竞争优势可谓显著。

数字时代，建筑行业必将走上"绿色化、工业化、数字化"三化融合的高质量发展道路。每家建筑企业都应该从大处着眼，思考什么样的建筑企业才能堪时代之大任，引领行业高质量发展，也需要从小处着手，思考什么样的核心能力才能帮助企业摆脱同质化竞争，支撑长远发展，制胜未来。

瑞森让我们看到，凭借强大的数字化精益建造的真功夫，建筑企业与客户的关系可以不再是同质化竞争时代的拼关系、拼酒量，而有可能转化为**差异化领先优势下的拼实力、拼价值创造**。

有了数字化的加持，即便是像瑞森这样的中小民营建筑企业，在面对客户时，也可以不用一味地讨好，因为实力就是"站着把钱挣了"的底气，也可以不必死缠烂打，因为价值创造就是"赢得客户尊敬，让客户主动找你"的引力。

希望瑞森的数字化探索与实践，对大家有帮助，有启发。

下面将结合瑞森新建筑承建"山东省肿瘤医院质子中心项目"的实战案例，带你领略**数字化精益建造的超强硬实力**。

建筑企业数字化转型实战案例系列

瑞森新建筑：如何凭借数字化精益建造创下"三个世界第一"

要讲好瑞森新建筑如何在山东省肿瘤医院质子中心项目的建设过程中，凭借数字化精益建造，创下"三个世界第一"的故事，需要回答好四个问题：第一，质子治疗是什么；第二，质子中心项目有什么重大意义；第三，质子中心项目的世界级超高难度具体体现在什么方面；第四，数字化精益建造究竟有什么超强硬实力。

第一，质子治疗是什么

质子治疗是目前国际医学界公认的最先进的肿瘤治疗技术之一。其工作原理是将质子加速到约 2/3 的光速，利用质子射线的物理特性，以极快的速度、很小的放射剂量进入人体，在杀死肿瘤的同时，最大限度地保护周边人体的健康组织，副作用极小。

质子治疗不仅能非常有效地治疗大面积的局部肿瘤，而且因其独特的生物学优势，能有效治疗对普通放疗不敏感的肿瘤，是儿童肿瘤放疗的首选替代疗法。

第二，质子中心项目有什么重大意义

2019 年 10 月，国家卫健委发布质子放射治疗系统的配置许可，山东省肿瘤医院质子临床研究中心成为全国首批 5 家获准单位之一，同时也是全国首家获得质子设备配置证的单位，并很可能成为大陆地区首家经国家卫健委批准的投入临床应用的质子中心。

质子中心项目总投资14.7亿元，总建筑面积8.8万平方米，包括医疗综合楼、质子维护楼、国际交流中心、国际医疗健康推广中心等主要建筑，配备有国际领先的直线加速器3台，头部伽马刀1台，高端CT、MR、PET-CT模拟定位机，还有最新版本的放射物理计划软件系统、质控设备，以及其他用于高端诊断的先进设备及系统。

代表国际领先水平的质子中心的启用，不仅能为广大群众提供更高质量、更高水平、更高层次的医疗健康服务，而且能引领山东乃至全国肿瘤防治研究事业的高质量发展。

第三，质子中心项目的世界级超高难度具体体现在什么方面

难点一：极严格的核级防护。

质子设备属于核应用设备，因此承载质子设备的相关建筑，即质子维护楼，必须做到核级防护。为了防核辐射，其混凝土墙必须选用铁矿砂重混凝土，其密度是普通混凝土的2倍；厚度必须达到4.6米，是普通建筑的20多倍。唯有做到天衣无缝，才能在防核辐射方面做到万无一失。

难点二：极复杂的管线预埋。

质子维护楼墙体内的管线及钢筋排布密集，机电系统涉及工艺冷却水、工艺气体、精密空调、新风及排风、动力及防辐射照明等8大专业、32个子系统。

为了防止核射线泄漏，各类管线还需要在 4.6 米厚的墙体内转 2～3 个弯。如此一来，项目管线总长度达 20 千米，平均每平方米墙体内有 6.7 米的管线，管线密度及复杂度都很高。

难点三：极高精度的一次成功。

质子设备属于高精密仪器，对管线预埋精度提出了"毫米级"的极高要求。难上加难的是，由于防辐射墙体一旦浇筑就无法开凿，如此高精度、高密度、高复杂度的管线预埋工作，必须一次成功。

正因为建设过程的难度超高，质子治疗虽然在技术上已比较成熟，但全球仅有约 60 家医院有类似的设备。俄罗斯就曾发生过由于预埋精度不够，整个项目失败的惨痛教训。

第四，数字化精益建造究竟有什么超强硬实力

面对世界级的超高难度，瑞森拿出了"基于 BIM 技术的数字化精益建造"的看家本领，使出了四个大招。

一是 BIM 标准及模型创建。

根据项目的实际情况，瑞森制定了包括《机电建模标准》《管线综合深化设计标准》等在内的六部 BIM 实施标准，还基于唯一性和可靠性原则制定了管线构件命名规则，以实现加工、安装信息和二维码承载信息的一致性，保证所有数据的精确性及完整性，并采用了工业界的颜色标准，从而对所有机电系统进行区分。

此外，依据设计图纸和 BIM 实施标准，瑞森项目部 BIM 工作站的小伙伴先后创建了各专业模型 34 套、综合模型 5 套，为深化设计奠定了基础。

二是基于 BIM 的碰撞检查。

BIM 的一大优势是能提供可视化平台，方便各方快速了解情况，发现问题。瑞森在整合各专业的 BIM 模型时，进行了建筑、结构、机电系统模型的整体性碰撞检查，发现了土建与机电设计图纸不一致等 280 多项设计问题，及时沟通和讨论后，再根据反馈意见完善了 BIM 模型。

完善了 BIM 模型后，瑞森再次进行了各细分专业之间的碰撞检查，导出碰撞报告，明确各碰撞点。根据碰撞分析结果，结合设备、阀门部件等实际尺寸大小、各管线系统间距要求、施工便利性要求等因素，调整管线模型。

接着，由设计、施工、专业分包人员组成的多专业团队通过协调例会，进一步优化机电管线排布的深化设计，循环进行各专业系统间的碰撞检查，直至将碰撞点全部消除，从而最终确定了机电管线的深化设计方案。

三是数字化预制加工设计。

工厂化的预制加工，不仅能减少加工场地对现场的占用和依赖，而且能大幅提高构建制造的生产效率和加工精度，缩短现场工期。

基于 BIM 模型，瑞森以管线连接处为起点，综合管线材料的原始长度，对机电管线进行了标准化模数拆分；利用数字化管理平台，对深化设计生成的管线预加工和安装信息进行集成处理，将拆分的构件划分为标准化和非标准化构件两类，生成三维大样图及相关加工信息，指导构件模块化的预制加工。对于拆分的构件，依据信息编码体系进行规范性编码，并生成相应二维码，方便构件状态信息修改及标准化数据归纳和汇总。

基于深化设计的构件预制加工，瑞森制定了相应的工作流程，要求施工总包方、专业分包方以及加工厂商三方共同优化模型，经三方共同确认后，方可提交给加工厂商，进行加工预制。

四是数字化精准施工及验收。

数字化的好处是，可以通过数字化工具进行设计、模拟和优化，可以不眠不休地进行运算、分析和推演，直到形成最优方案，再进行实施，尽可能实现效率最高、效果最好、浪费最少。

第一步是虚拟建造。瑞森通过4D模拟，在三维BIM模型基础上，加入了时间维度，从而可视化地显示整个施工过程的每个节点，不仅方便查找施工方案中的不足之处，优化施工节点，而且能前瞻预警，提前发现时间冲突和空间冲突，提前协调各参与方的有效穿插，加深其对施工流程的全面理解，加强对施工节点的有力管控。

第二步是现场施工。在通过4D虚拟建造优化施工方案及施工节点的基础上，瑞森通过多专业综合模型，集成机电构件的加工、验收、安装节点、安装流程、安装要求等基础信息，并将其自动更新至二维码后台；现场施工人员可以通过移动扫码，获取构件的规格、尺寸和安装位置等详细信息，通过观看机电模型及工艺流程，进行复杂管线模块的机电构件安装；对于安装完毕的构件单元，施工人员可以通过再次扫码，将责任人、施工时间等信息，上传至数据库。通过数字化项目管理平台，项目管理人员可实时掌控机电构件的施工情况，统筹安排施工任务，实现机电安装全流程的数字化。

第三步是安装验收。瑞森在施工现场，根据扫描目标的形态范围及扫描仪参数，建立了 26 个测站，各测站间距 8 米，相邻测站之间设定 3 个球形标靶。通过三维激光扫描技术，形成了整体项目的云模型，再结合 BIM 模型，完成机电系统的管线末端定位。在质子维护楼机电系统验收校核工作流程中，进行了三次三维激光扫描。

第一次三维激光扫描，用于检测复杂管线模块构建的吊装工作对管线末端位置定位的影响。通过对项目全部 357 个管线末端位置的对比检查，确认除了 17 个管线末端位置的偏差略大于精度允许的范围，其余 340 个管线末端位置均符合精准定位的施工要求。

第二次三维激光扫描，用于钢筋绑扎工作后、模板支设前的精度校核，从而检查绑扎施工对管线末端位置的扰动情况，便于及时纠正。通过对项目全部 357 个管线末端位置的对比检查，确认其全部符合精准定位的施工要求。

基于前两次三维激光扫描的点云模型与 BIM 模型的对比检查，瑞森综合考虑了混凝土浮力、施工荷载等因素，进一步优化管线末端位置安装方案，确保管线末端位置的精准定位，从而指导精准安装施工，保证了施工精度及质量。通过混凝土浇筑完毕后的第三次三维激光扫描，确认全部管线末端位置符合精度要求。

至此，质子中心极复杂、极高精度的管线预埋工作，终于一次成功！

瑞森新建筑借助"基于 BIM 技术的数字化精益建造"，助力山东省肿瘤医院质子中心项目，一举创下了**"三个世界第一"**：质子医院建设速度世界第一、各类机电管线预留预埋精度世界第一、质子设备安装调试速度世界第一。

这"三个世界第一"，无疑是对数字化精益建造的超强硬实力最强有力的证明。

注：如想深入了解数字化精益建造以及质子中心项目的具体建设过程，敬请参考瑞森新建筑撰写的《数字建造技术应用与实践》一书。在上述案例的描述中，也有多处引用了书中的内容。

企业与上下游的关系：从零和博弈到合作式共赢

在建筑行业的传统模式中，设计、采购、施工、交付阶段是相对割裂的，各个阶段之间缺乏协同，从建设方到设计方、施工总包方，再到各级分包方、运维方，各参与方都是各自为战，相互之间有时不只是零和博弈，甚至还是恶性博弈。

对建设方来说，投资是自己的，下游所有参与方的收入都是自己的成本；对设计方、总包方及各级分包方来说，收入是固定的，所有保质、保量、保进度的要求，所有计划外的修改、变更及返工，都是与利润为敌。

这样的生产关系、这样的结构性矛盾，造成了各参与方的协作效率低、合作成本高，严重影响了建筑项目的整体效益，制约了建筑行业的高质量发展。

随着建筑行业数字化转型的加速，数字化先进生产力的普及必将深刻影响生产关系。以 IPD 为代表的新型数字化交付模式，**能重塑各参与方的协作关系，变"零和博弈"为"合作式共赢"**，不仅更加适配数字化生产力，而且能实现项目整体收益最大化。

如此神奇的 IPD 模式究竟是什么？IPD 模式凭什么能重塑各方的协作关系？要想采用 IPD 模式，需要具备什么条件？这么先进的数字化交付模式在我国是否可行？让我们带着这些问题，继续探索。

IPD 模式究竟是什么

IPD 是一种以**"提升项目整体价值为目标"** 的建筑项目交付模式。

与传统模式下，各参与方独立负责的工作范围不同，IPD 模式扩大了各参与方的责任范围，要求各方（包括建设方、设计方、施工总包方、各级分包方、材料 / 设备供应商、咨询方及监理方等）共同组建一个项目团队。通过各方的早期介入及集中办公，打破传统组织界限，促进各方交流和协作，从项目早期开始，就把各方擅长的专业知识与掌握的实践经验运用到项目上，并基于项目整体价值分析问题，制定决策。

以项目为中心，在各参与方之间，构建**"风险共担、价值共创、利益共享"**的新型生态合作伙伴关系。

IPD 模式凭什么能重塑各方的协作关系

新型的合作协议是 IPD 模式实施的基础。按照"风险共担、价值共创、利益共享"的原则，在合作协议中，会明确各参与方都要承担相应的风险，都能分享项目的收益。

各参与方的最终收益取决于整体项目的最终收益：如果项目实际成本低于预算，实现超额利润，各参与方都能按既定比例，进行共享；如果出现损失，各方也要根据与造成损失的原因的关联度，按比例分担。

IPD 模式的合作协议把原先各自为战的各参与方拧成一股绳，形成了**"利益共同体"**。这样的新型生产关系能有效激发各方的责任心与创造力，大家"心往一处想，劲往一处使"，从整体项目的角度，尽可能做到收益最大化和浪费最小化，确保每个项目都成功。

相比传统模式下的"零和博弈"，能促成**"合作式共赢"**的 IPD 模式优势明显。

《集成项目交付》一书中有不少例子。比如，萨特医疗集团采取了 IPD 模式，发现返工率显著降低——从行业平均的 7%~10%，降到了 0.5%；比如，道明银行某建筑项目比没有采用 IPD 模式的同类项目，成本降低了 15%，工期缩短了 20%；再比如，美国某医院项目通过采用 IPD 模式，不仅有效减少了各种浪费，顺利满足了进度及质量的要求，而且实现了比预计高 4 倍的投资回报。

要想采用 IPD 模式,需要具备什么条件

简而言之,要想采用 IPD 模式,应围绕 1 个核心,打造 2 级组织,设计 3 层激励机制,建立 6 个统一管理机制。

围绕 1 个核心: 以项目为核心,整合各方资源,建立 IPD 团队。

打造 2 级组织: 建立"管理层"与"作业层"2 级组织,实现管理层、作业层的扁平化管理。

设计 3 层激励机制: 按照"风险共担、价值共创、利益共享"的原则,设计"生态伙伴组织""IPD 管理团队""项目作业层"3 层激励机制,构建"成本 + 酬金"的激励模式,理顺各参与方的利益关系。

建立 6 个统一管理机制则包含以下几个方面。

1 个共同团队:组建由各参与方共同组成的,目标、文化、利益一致的项目团队。

1 个项目计划:确保一个完整统一的项目计划。

1 套管理流程:从深化设计施工图到竣工和交付项目,制定全过程的统一流程。

1 套作业标准:一套深化设计、施工工艺工法、质量验收和交付的统一标准。

1 套唯一数据:确保项目整套数据的唯一性。

1 个赋能平台:基于统一的数字化协作平台,构建项目的协同工作

环境，为项目各参与方赋能。

此外，IPD 模式的顺利实施，还需要一个至关重要的前提条件 ——**信任**。

各参与方之间，无论是要实现充分的信息透明，还是要实现高效的相互合作，都必须建立在信任的基础上。唯有各参与方相互尊重、相互信任，充分理解相互合作的价值，充分认同数字化的潜力，才能充分发挥出 IPD 模式的巨大优势。

这么先进的 IPD 模式在我国是否可行

要想探究 IPD 模式在我国是否可行，需要认真思考两个问题：优势如此明显的 IPD 模式，过去为什么没有？为什么即便在应用较多的国家，IPD 模式也远远没有实现普及？想清楚了这两个问题，有关 IPD 模式在我国是否可行的判断，就自然清晰了。

问题一：优势如此明显的 IPD 模式，过去为什么没有？

主要是因为，**缺乏必要的技术支撑**。IPD 模式的顺利实施，需要强有力的数字技术的支撑，需要能覆盖建筑项目全要素、全过程、全参与方的强大数字化平台的赋能。过去，无论是建筑行业的数字技术，还是数字建筑平台，都还没有发展成熟。

在设计阶段，需要有**"全专业集成的 BIM 模型"** 为载体，拉通建筑方案、结构方案、机电方案及精装方案，进行全过程模拟仿真、全参与方迭代优化。这对平台的集成融合度要求极高，必须要能精准反映各专业在设计过程中的相互影响和彼此联动，有力支撑迭代优化过程中的及时响应和敏捷设计，最大限度地提升设计质量和效率。

在建造阶段，需要有**"以工序为核心的数字建造及管理平台"**，进行线上数字虚拟建造与线下精益实体建造，做到先模拟后实施，以精益理念推动岗位层的精细管理及项目层的前瞻优化，实现数字化精益建造、工业级建筑品质。

在岗位层的精细管理方面，要通过数字化平台，把施工计划逐级拆解、细化至岗位层、工序级任务包，依照排程顺序及保障条件，明确每道工序的任务人、检查人、所在工作面、工艺工法要求、工作成果要求、检查验收标准、计量计价与支付方式，确保各工序可执行、可验收、可计量。

在项目层的前瞻优化方面，要通过数字化平台，进行以工序为核心的虚拟建造，把设计深化到工序级，把进度排程精确到末位工时；通过施工模拟，确保工序排程的科学性、工作面衔接的合理性，确保物料供应与现场作业的协调均衡、施工场地的有序利用、工作面转换的衔接顺畅，以及施工方案的合理高效。

数字时代，随着数字技术的快速发展、数字建筑平台的持续迭代，IPD 模式所需的技术支撑已日趋成熟。生产力决定生产关系：没有先进的生产力，先进的生产关系可谓是无源之水；**有了先进的生产力，先进的生产关系才可以水到渠成。**

那么，我国有这样的数字技术、这样的数字建筑平台吗？我国不仅有，而且自主可控。

以数字化 IPD 模式设计建造的"广联达西安研发中心"项目，就依托这样的数字建筑平台，面向项目各参与方，通过"基础平台 – 应用系统 – 软硬件工具"三层配置与整合，为项目的设计、建造等业务活动,进度、质量、安全、成本等管理活动,提供了以工序为核心、从管理到作业的全方位数字化支撑(见图8-4)。

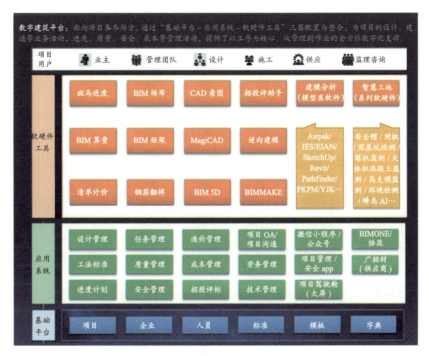

图 8-4

问题二:为什么即便在应用较多的国家,IPD模式也远远没有实现普及?

主要是因为**缺乏必要的组织支撑**。IPD模式的成功实施,不但需要建设方的发起,更需要各参与方的信任。没有各方真正的信任与共识,IPD模式可谓是无本之木,即便用了,也只是徒有其表。

对于IPD模式,作为业主的建设方是发动机,建设方不仅要真正理解IPD模式,明确自身需求及目标预期,找到志同道合、相互信任、对 IPD 模式有高度共识的各参与方，而且要秉承"诚信正直、开放共赢"的价值观，遵循"风险共担、价值共创、利益共享"的原则，制定 IPD 合作协议，组建 IPD 项目团队，打造 2 级组织，设计 3 层激励机制，建立 6 个统一管理机制。

在各参与方之间**增进互信，凝聚共识**，是建设方的重要职责，是建设方领导力的重要体现。

互信的基础是价值观。一定要选择真正相信"诚信正直、开放共赢"、愿意探索"风险共担、价值共创、利益共享"模式的合作伙伴。

共识的基础是发展观。一定要选择真正相信"数字化的力量"、致力于推动建筑行业实现"三化融合的高质量发展"、愿意通过自身的数字化转型探索"数字化精益建造及 IPD 模式"的合作伙伴。

唯有志同道合，才有可能形成真正的利益共同体，才有可能携手并进，走得长、走得远。

IPD 模式之所以尚未普及，是因为符合上述条件的建设方和各参与方的确不好找。

真有符合上述条件的建设方吗？号称符合上述条件的建设方，会不会只是打着 IPD 的旗号，让各方参与更早，干活更多，风险分担更多，但当有超额利润时就不分享了？号称符合上述条件的参与方，会不会只是为了项目中标，其实并不愿意放弃驾轻就熟的传统模式，过程中主要靠搭便车，价值创造时贡献很少，利益分享时却要求很多？从设计方及总包方的角度来看，实际参与过程都变长了，这会不会大幅提升自身成本？想必大家都有类似的疑问。

这也正是在 2018 年年初，作为建设方的广联达所面临的质疑与困惑。

2017 年，广联达正式启动二次创业，致力于"打造**数字建筑平台**，成为全球数字建筑平台服务商的领导者、建筑行业数字化转型的使能者"。

既然立下大志，就要敢于躬身入局，拿自己练手。于是 2018 年年初，广联达以其"西安研发中心"项目开启了**数字化的全新探索**：以新的数字化生产力（以数字建筑平台为支撑的数字化精益建造）及生产关系（IPD 模式），完成**数字建筑的数字建造。**

在施工方方面，广联达幸运地找到了志同道合的瑞森新建筑。但志同道合的设计方去哪里找呢？

后来中标的华汇工程设计集团（简称华汇），其实也是广联达的老朋友，真可谓"众里寻他千百度，蓦然回首，那人却在，灯火阑珊处"。早在 2012 年，华汇就因对**绿色建筑**的关注、对 BIM 技术的研究，特地从浙江奔赴北京，参观了当时刚刚落成启用不久的广联达二期。2018 年年初，老友重逢，分外亲切。

回溯华汇的发展历程，广联达提出的"数字建筑"新理念对其影响深远。在很大程度上，这一理念坚定了华汇开启**"数字化转型"**的战略决心，让华汇开始致力于全面实现包括工程项目数字化、企业营销数字化、企业管理数字化在内的数字化转型；该理念还让华汇明确了"以城市建设事业为发展领域，以工程设计咨询为核心，从事工程建设全过程服务和投资的平台企业"的战略定位，坚持以**"开放、协同、共享、多赢"**的核心理念构建"互为主体、互利共生"的生态环境，致力于内外部优势资源的整合，以专注、专业、专长为客户创造价值，以开放的平台、协同的机制、共享的价值、多赢的结果为生态伙伴创造价值。

作为建筑设计领域的领军民营企业，华汇之所以在数字化转型方面如此坚决，是因为看清了**不可逆转的大势**。

过去 10 年，那些曾是热门的设计企业，日子越来越不好过，同质化竞争越来越激烈：几乎什么成本都涨了，只有设计费没涨。在大学热门专业中，曾经是顶流中的顶流的建筑系早已退出第一梯队。2019 年建筑设计类企业净利润仅为 2.7%，创下了 10 年新低，与施工类企业，可谓是"难兄难弟"。

要想活下去，活得好，制胜未来，建筑设计类企业和施工类企业都必须走上"三化融合的高质量发展"道路，都必须坚定推进"数字化转型"。数字化才是立身之本，破局之道。

更令广联达心动的是，华汇在探索"绿色化、数字化"方面，也有"躬身入局、拿自己练手"的好习惯。为了深入探索绿色建筑及 BIM 技术，华汇用自己的新总部大厦练手，以被动式设计实现了极致节能，以绿色化设计实现了体验提升，以低成本造价实现了多方共赢。

广联达、华汇、瑞森，三家志同道合的企业，走到了一起，共同开启了它们的数字化旅程。

2019 年 3 月 12 日，广联达西安研发中心项目（见图 8-5）举办了奠基仪式；2022 年 12 月 18 日，广联达西安研发中心项目举办了"国家数字建造技术创新中心数字建筑软件实验室"授牌仪式暨"数字建筑产品研发基地"入驻仪式。

图 8-5

在四年多的并肩战斗中,尽管经历了因疫情停工三个月的严峻考验,但它们不仅做到了按期、按质竣工,还达成了一次成优率100%、施工过程零变更、建筑垃圾减少70%、能源消耗减少55%的挑战目标。等到整体项目完成结算后,在固定总价之外,三家企业还将按既定比例获得节约分成,可谓皆大欢喜。

关于IPD模式,给三家企业留下最深印象的,是**合作式共赢的关系**。三方合作得非常好,完全没有过去相互对立、相互博弈的感觉。

华汇和瑞森的几位项目负责人纷纷表示"原来是各方,现在是一方,合作氛围特别融洽""原来遇到问题,第一反应是'这不是我的问题',先推脱责任;现在遇到问题,第一反应是'咱们怎么解决',毕竟大家是利益共同体""原来各方各自为战,相互提防;现在更透明、更直接、更简单"。

被问到当初是否有顾虑时,各位项目负责人也坦言他们的确有过顾虑。真正让他们愿意纵身一跃、共同探索的根本原因，除了对行业发展趋势的敬畏、对广联达的尊敬与信任，还有一份对实现**中国建筑行业高质量发展的责任**。

后来的事实证明，他们对大势的判断和看伙伴的眼光，是精准的；他们对数字化先进生产力及生产关系的探索，是值得的。广联达西安研发中心项目已成为中国数字建筑、数字建造、精益 IPD 模式的新标杆。

感谢广联达、华汇和瑞森的勇敢探索，正是它们的大胆实践证明了，作为先进数字化生产关系代表的 IPD 模式，在我国不仅可行，而且有可能"大展拳脚"。

本章小结

读到这里，关于如何构建数字化生产关系，如何借助数字化重塑组织，你获得了哪些启发？

建筑企业领导者在推动数字化转型的过程中，在组织升级方面，需要把握**三个重要维度**，在此为你小结一下。

企业与员工的关系：从管控到系统性赋能。

传统的组织模式为什么强调管控呢？因为面对建筑企业的超级"黑盒子"体质，真是不管不行。然而，即便管了，也不行。在传统的组织模式下，经营结果呈现出显著的"均值低、方差大"的问题。

数字化组织为什么不强调管控呢？因为当数字化可以点亮"黑盒子"，做到系统性的透明可见时，透明就是最好的管控。不强调管控，不是没有管控。

数字化组织凭什么不强调管控，凭什么能做好系统性赋能呢？因为数字化工具系统就是无声无息的命令，貌似没有管控，实则做到了有效监督，严谨、细致到了每时每刻、每人每事。还因为数字化工具系统就像是与员工并肩作战的战友、为员工保驾护航的"老法师"、帮员工成长和成功的教练或导师，时时刻刻相伴左右，给员工提供既强大又贴心的系统性赋能。数字化工具系统不仅承担了大量的重复性工作，提供了强大的经验性支撑，而且在动态地持续性迭代，不断挖掘和沉淀最佳实践，力求始终代表企业乃至行业的最高水平，持续"提升均值，缩小方差"。

企业与客户的关系：从同质化到差异化领先。

随着建筑行业高增长时代的结束，行业同质化竞争日趋激烈，甚至惨烈，建筑企业的竞争压力及生存压力陡增。在这样的大环境中，如何找到差异化破局点，是所有建筑企业共同的课题。

面向未来，绿色化、工业化、数字化，三化融合的高质量发展，无疑是建筑行业的大势所趋。建筑企业要想突破重围，摆脱低水平的同质化竞争，必须坚定地选择高质量发展，选择数字化转型，选择通过数字化核心能力（比如基于BIM技术的数字化精益建造）打造差异化竞争优势，真正为客户创造价值。

即便是中小民营建筑企业，也能凭借强大的数字化硬实力，改变与客户的关系，也可以不再是同质化竞争时代的拼关系、拼酒量，也有可能转化为差异化领先优势下的拼实力、拼价值创造：赢得客户尊敬，让客户主动找你，"站着把钱挣了"。

企业与上下游的关系：从零和博弈到合作式共赢。

在建筑行业的传统模式中，设计、采购、施工、交付阶段相对割裂，缺乏协同，各参与方各自为战，相互之间有时不只是零和博弈，甚至还是恶性博弈。这样的生产关系严重影响了建筑项目的整体效益，制约了建筑行业的高质量发展。

随着建筑行业数字化转型的加速、数字化先进生产力的普及，以IPD为代表的新型数字化交付模式，能通过新型的合作协议，以项目为中心，把原先各自为政的各参与方拧成一股绳，形成"风险共担、价值共创、利益共享"的利益共同体，构建新型的生态合作伙伴关系，激发各参与方"心往一处想，劲往一处使"，从整体项目的角度，做到收益最大化和浪费最小化，确保每个项目都成功，确保每个参与方都能实现合作式共赢。

广联达西安研发中心就是以新的数字化生产力（即以数字建筑平台为支撑的数字化精益建造）和新的数字化生产关系（即 IPD 模式），完成的数字建筑的数字建造。

该项目的成功，再次印证了生产力决定生产关系的发展规律：没有先进的生产力，先进的生产关系可谓是无源之水；有了先进的数字化生产力，先进的数字化生产关系才可以水到渠成。

全书小结

抓住两个本质，引领系统性数字化转型

建筑行业的本质，是点线面体。兼具高度的系统复杂性和系统不透明性的"黑盒子"体质，是**系统性难题**。

数字化的本质是三要素，通过数据、连接和算法的合力支撑可以形成强大的**系统性能力**。

建筑企业的**系统性数字化转型**，是针对系统性难题的系统性解法：通过充分发挥数字化的系统性能力，推动认知升级、业务升级、组织升级，实现建筑企业的系统性重塑，破解"黑盒子"，构建"数立方"，提升掌控力和拓展力，增强发展韧性，实现高质量发展，打造透明、高效、持续进化的**"数字化建筑企业"**。

在企业数字化转型的过程中，作为掌舵人的你，也会经历千锤百炼，实现自我升级，成为当今时代最需要的，能带领企业制胜未来、实现高质量发展的，助力数字中国建设的**"数字化领导者"**。

| 全书小结 |

抓住两个本质，引领系统性数字化转型

感谢你一路相伴，读到这里。想必至此，你已经对全书的核心理念、整体的逻辑框架、高频出现的关键词，以及与自身情况高度类似的实战案例，了然于心。

面对数字化转型这一不可逆转的大势，不少一路从基层干起来、从传统模式中成长起来的建筑企业的领导者心中多少会有些忐忑：面对新时代、新课题、新的历史使命，自己还行不行？究竟能不能实现自我升级，成为当今时代最需要的"**数字化领导者**"？

新时代的伟大成就是奋斗出来的，新时代的伟大成长是干出来的。成为数字化领导者的自我升级之旅，就在引领数字化转型的企业升级之路上。

随着建筑企业借助数字化先进的生产力和生产关系，逐步破解"黑盒子"，构建"数立方"，系统性地提升对当期经营的掌控力和对制胜未来的拓展力，逐步成为透明、高效、持续进化的**"数字化建筑企业"**，作为数字化转型掌舵人的你，自然也会经历千锤百炼，在各种披荆斩棘之中，成长为能带领企业制胜未来、实现高质量发展的数字化领导者。

"千里之行，始于足下。"关于如何引领企业进行系统性数字化转型，在全书的最后，为你系统性地小结一下。

第一，抓住建筑行业的本质

建筑行业的本质，是点线面体，是兼具高度的系统复杂性和高度的不透明性的"黑盒子"体质，是系统性难题。

追根溯源，建筑企业面临的几乎所有的业务难点及管理痛点，根子都在"黑盒子"体质。比如，岗位层缺乏系统性的精细管理，六项缺失（即缺失精确的设计要求、详细的工艺工法、清晰的保障条件、具体的成果要求、具体的验收方式，以及具体的结算支付、奖惩激励和风险分担机制）方差大；项目层缺乏系统性的前瞻优化，四个滞后（即发现滞后、决策滞后、行动滞后、反馈滞后）消耗大；企业层缺乏系统性的全局掌控，四大脱节（即战略与执行脱节、业务与组织脱节、要求与能力脱节、决策与支撑脱节）压力大。

无穷无尽的扯皮救火，不仅消耗了各级管理人员大量的时间和精力，而且把建筑企业拖入了"方差大、消耗大、压力大，均值低、效率低、效益低"的恶性循环。

系统性难题，需要系统性解法。点状的、线性的、碎片化的、浮于表面的数字化，只是局部优化；即便能让"黑盒子"有星星点点的光亮，但无法真正点亮"黑盒子"，解决不了系统性难题。

随着建筑行业的整体增速放缓、利润持续下滑和同质化竞争日趋激烈，建筑项目的体量越来越大、要求越来越高、社会责任越来越大，建筑企业面对系统性的"黑盒子"困境，越来越急迫地需要系统性的破解之道。

建筑人，真是苦"黑盒子"久矣！

第二，抓住数字化的本质

新时代给了我们新工具，数字化就是时代的馈赠，就是破解"黑盒子"体质、系统性难题的利器。

数字化的本质是"三要素"，通过数据、连接及算法的合力支撑，可以形成强大**"系统性能力"**。

充分借助数字化的系统性能力，就有可能从点线面体各个维度，破解"黑盒子"，构建"数立方"，实现系统性的透明可见、高效运转和持续进化。

数据是数字化的根。必须系统性地确保数据的准确、及时和全面。其中，准确是指，要实现数据的自动采集，尽可能无修改、无掩饰地，如实如是呈现真实情况；及时是指，要突破各种时空及组织阻隔，无延时、无丢失、无地理限制地，按需实现数据的零时差共享；全面是指，要沿着建筑项目的全过程、全要素和全参与方，实现数据的全覆盖。

连接是数字化的脉。系统性地纵向打通组织层级（岗位层、项目层和企业层），横向拉通职能条线（技术、生产、安全、商务、财务、人力等），深度连接业务形成 PDCA 管理闭环（计划 P、执行 D、检查

C 和调整 A）。有了这样的系统性连接，准确、及时和全面的数据才能帮我们在数字世界里，实现点线面体的全透明，实现高效运转的管理闭环。

算法是数字化的魂。 系统性地制定业务及管理规则，指导计算机分析海量数据，判断分析结果，做出行动决策，不仅能根据不同情况触发不同的业务及管理行动，而且能通过优化迭代实现能力沉淀，持续进化。简而言之，通过算法，数字化系统有了目标，学会了思考，从徒有一身本领的草莽英雄，变成了能对企业经营管理做出巨大贡献的战士。

要想充分发挥出数字化的强大"系统性能力"，数据、连接和算法，一个都不能少。

第三，引领系统性数字化转型

建筑企业做数字化转型的战略意图，是"**系统性重塑**"。

通过充分利用数字技术，驾驭数字化先进生产力，构建与之适配的数字化生产关系，系统性提升对当期经营的掌控力和对制胜未来的拓展力，增强发展韧性，实现高质量发展，打造透明、高效、持续进化的"**数字化建筑企业**"。

要想成功实现数字化转型，实现系统性重塑，建筑企业领导者必须秉承系统性思维，扎扎实实"**做好三件事**"：认知升级、业务升级及组织升级。

首先来看认知升级，建立系统性数字化思维。

数字化转型，道阻且长。如果对数字化转型的必要性认识不足，很容易被眼前的困难和潜在的风险吓到，裹足不前，知难而退；如果对数字化转型过程的艰巨性准备不足，很容易被探索道路上的蜿蜒曲折和艰难险阻绊住，灰心丧气，半途而废。

如果核心班子开会时，大家还在你一言我一语地问"数字化，是什么？数字化转型有什么用，有必要占用这么多人、这么多预算吗？这事（数字化转型）交给 IT 部门不就行了，有必要这么兴师动众，成立公司级项目组，做什么系统性整体规划吗？"，那么几乎可以断定，企业员工的基本认知还不到位，集体共识还没有形成。

系统性地梳理和复盘这些年来建筑行业在数字化转型方面走过的弯路、踩过的坑，我们会发现各种曲折背后的原因，很大程度上在于各种各样的**认知不到位**。

之所以会出现"有数，就是数字化""有智慧大屏，就是数字化""有智能硬件，就是数字化"的想法，就是因为对系统性缺乏敬畏、对数字化缺乏认知导致的局部优化。

之所以会出现"等待观望——先让别人搞起来，自己等着抄作业""单打独斗——什么都想自己做，要把自己变成软件公司""主次颠倒——零打碎敲做周边，把技术和业务做成了'两张皮'"的做法，是因为对数字化转型缺乏认知导致的战略跑偏。

之所以会出现"急于求成——不顾数据基础，试图一蹴而就""大干快上——请'大神'、给预算，上百个项目齐头并进""避重就轻——缺乏一把手深度参与，深水区问题只能选择回避"的干法，是因为对数字化转型过程缺乏认知导致的急功近利。

这就是为什么**数字化转型的第一步**是"认知升级"，建立正确的"系统性数字化思维"。

转变理念是极为困难的。过去的经验越丰富，思维惯性就越大，改变的难度也越大。真正的转变需要深刻的理解，需要高度的共识，需要迎难而上的勇气，需要攻坚克难的决心。企业领导者要充分认识到组织认知提升的必要性、持续性及系统性，要带领核心团队做好表率，亲力亲为，真学真做。

我们可以立即付诸行动的是，**开展集体学习，共学、共创、共思**。通过共学，提升认知；通过共创，构建共识；通过共思，探索适合自身的数字化转型的核心理念和方法论。不妨考虑将"走出去"与"请进来"相结合，通过参访行业内外的数字化转型标杆企业以及邀请各类相关专家来做分享和研讨，帮助大家拓宽视野，提升格局，转变理念。唯有看清了大势，把握了本质规律，明确了目标路径，形成了组织共识，才能激发出真正的勇气和决心。

"**广联达：如何系统性地升级组织的数字化认知**"的实战案例为我们系统性地梳理了该公司在组织认知升级方面的发展历程，提炼了行之有效的三大抓手——面向全体员工的共学共创、面向核心团队的高管研学、聚焦学以致用的持续迭代并逐步形成数字化转型的核心理念和方法论，不妨参考借鉴。

数字化转型是一把手工程，但绝不意味着只有一把手"一个人在战斗"。在推动认知升级的过程中，建筑企业领导者要特别重视以下"**三类关键人**"。

一是核心班子，尤其是那些善于学习、敏于迭代、忠于组织的核心高管。

二是中坚力量，尤其是那些有闯劲、有冲劲的年轻人，那些愿意探索、敢于尝试的项目经理，那些既懂业务，又懂管理，还具备数字化思维的复合型人才。

三是生态伙伴，尤其是那些深耕行业、理念领先、迭代快速、价值观正确、在助力建筑企业数字化转型方面有丰富经验、值得长期合作的小伙伴。自己的第一次，也许是别人的第 N 次，要保持开放，充分借力，构建合作共赢的良性机制。

在选择数字化转型的主要负责人时，建筑企业领导者不能求全责备，不要奢望"神兵天降"，不要奢望某一个人身上具备所有成功要素，不妨采用**"组团战斗"**的模式，通过 2～3 位能力互补的生态伙伴的专业加持，形成一支既懂业务，又懂管理，还精通数字化，且拥有灵活变通智慧的领导团队。

接着来看业务升级，驾驭数字化生产力。

在这方面，建筑企业领导者应重点把握以下**四个重要行动**。

第一，看清阶段，面对现实。依据企业数字化成熟度的五级分类，整体而言，建筑企业大都还处于"数据孤岛"或"局部利用"的"数字化初级阶段"。要牢牢把握这个基本现实，高度重视数据基础工作。

夯实数据基础，并不意味着"推倒重来"，不是以前的系统都不能用了，都得用新的系统替代，而是要通过拉通对齐各个职能条线、各个组织层级以及各个信息系统之间的数据定义、口径、采集及校验方式等，解决业务割裂、组织割裂和系统割裂问题，连接数据孤岛，打造能有力支撑企业整体经营管理的坚实数据基础。"**上海宝冶**：如何实现核心数据的互联互通"的实战案例，就包含了这样的探索与实践。

第二，制定战略，明确目标。建筑企业数字化转型的战略意图，不是改行，而是赋能业务，因此在战略制定上，业务战略应当系统性地牵引数字化转型战略，数字化转型战略需要系统性地支撑业务战略；在战略目标上，必须把数字化转型对业务的系统性支撑具体到对当期经营的掌控力和对制胜未来的拓展力上，拆解到"降本、提质、增效、现有业务增收、创新业务突破"等考核指标上，落实到重点工作中，实现互锁，形成合力，切实提升利润率和增长率。

"**绿城中国**：如何实现数字化转型的战略聚焦与升级"的实战案例为我们系统地诠释了该公司的数字化工作，呈现了它是如何依据业务战略的指导思路（"从特长生向全面发展的优等生转变"），通过聚焦"数字化成本管控"，从拿地环节的成本测算入手，从源头做到成本精准管控，不仅扭转了过去"四个脱节"的管理问题，还有效支撑了"在坚持高品质的同时，有力控制成本，提高利润率，走均衡发展的道路"的战略落地的。

第三，规划路径，把握节奏。建筑企业数字化转型不可能一蹴而就，可参考**"业务数字化—管理数字化—能力数字化"三步走**的模式，通过准确、及时和全面的"数据"，纵向打通组织层级、横向拉通职能条线的"连接"，以及作为业务与管理规则的数字化且能够实现管理前置数字化的"算法"，逐步实现系统性的透明可见、高效运转及持续进化。

从业务数字化到管理数字化，再到能力数字化的三步走，不是彼此割裂的、静态停滞的固定化存在，而是相互促进的、动态演化的有机整体和持续过程。绿城中国的数字化成本管控的实质就是"**数据＋连接＋算法**"，通过线上成本数据库、在线成本测算和成本大数据自循环,以及持续不断的数据积累、循环往复的效果反馈、坚持不懈的连接和算法(即业务和管理规划的数字化)优化,不仅能实现业务、管理及能力的数字化,还能通过数字化系统的不断迭代,促进组织成本管理能力的持续提升。

第四,找准切入点,建立信心。在数字化转型启动初期,一定要找准切入点,尽可能针对最典型的业务难点或管理痛点,以"见效快、价值大"的方式,把数字化转型的试点项目做好,让大家尝到真真切切的甜头,看到实实在在的价值,逐步对数字化转型建立起扎扎实实的信心。

"陕西建工:如何选择切入点,如何升级数字化转型战略"的实战案例为我们系统展现了这家头部建筑企业在"十三五"期间,针对利润微薄这个行业普遍性的问题,是如何聚焦占比过半的"物资材料采购成本"的,以及它是如何通过逐步深化的"数字化大集采",从寻源集中到大宗集中,再到全品类集中,不但以见效快、价值大的方式逐步做到合规、降本、增效,还为"十四五"期间的数字化转型战略的系统升级打下了坚实的基础的。

在推动业务升级的过程中,建筑企业领导者要重点把握**"三个关键点"**。

一是系统性,确保不跑偏。建筑行业的本质,是点线面体,是兼具高度系统复杂性和系统不透明性的"黑盒子"体质,是系统性难题。系统性难题,需要系统性解法,数字化转型也必须进行系统性规划。

点状的、线性的、局部的数字化,从短期看,很可能启动更容易、推进更快速;但放眼长期,会越做越难,路越走越窄,甚至走进死胡同。系统性数字化恰恰与之相反,刚开始时的确艰难,需要看得更长远，想得更全面，规划得更缜密；但放眼长期，会越做越顺，路越走越宽，迭代越来越快，效果越来越显著。

对此，企业领导者要高度重视，要不厌其烦地持续强调，坚决纠偏。

二是硬骨头，确保不回避。 数据是数字化的根。从行业整体上来看，绝大部分建筑企业的数据基础还相当薄弱，还处于"数据孤岛"或"局部利用"的"数字化初级阶段"。建筑企业必须踏踏实实、勤勤恳恳，从夯实数据基础做起，持续向系统性连接迈进。

道理都懂，但落到行动上，夯实数据基础这种貌似没有技术含量，特别不出彩，但其实难度极高、工作量极大，而且要直面部门墙、深水区问题，特别容易得罪人的"硬骨头"，往往容易被忽略，甚至被有意回避。

对此类工作，建筑企业领导者要重点关注。夯实数据基础虽然最不出彩，但最该为之喝彩。

三是权责利，确保要对等。 基于数据和连接的系统性的透明可见并不意味着"所有人都能看到所有的数据"。系统性的透明可见的目的是实现系统性的高效运转。建筑企业是具有层次性的复杂系统，要想提升组织运转效率，就要依据权责利对等的原则，**在岗位层、项目层及企业层，分层形成 PDCA 管理闭环，**明确职责，确保各层级各司其职。

数据连接不仅是技术连接，更是业务连接。平级之间的数据连接，要秉承互利互惠、成就共赢的原则；上下级之间的数据连接，需遵循权责利对等的原则，要享受数据权利，就要承担决策责任。

应该由项目层承担的责任、制定的决策、解决的问题，无须事无巨细地上报给企业层，项目的相关数据也无须一股脑地呈报到企业层。否则，这样的无限透明，不仅会让项目管理者心生抗拒，而且会让企业领导者信息过载，不仅延长了反馈决策的速度，拉低了组织运转的效率，而且容易酿成"向上甩锅"的恶果。

对此，建筑企业领导者要高度警惕。

最后来看组织升级，构建数字化生产关系。

在这方面，建筑企业领导者应重点探索以下**"三个重要维度"**。

第一是企业与员工的关系：从管控到系统性赋能。不强调管控，不是没有管控。当数字化实现系统性的透明可见时，透明就是最好的管控。当数字化工具系统成为作业及管理平台时，它不仅能承担大量的重复性工作，提供强大的经验性支撑，而且能动态地持续性迭代。这样一来，数字化就成了与员工并肩作战的战友，为员工保驾护航的"老法师"，帮员工成长和成功的教练或导师，就实现了系统性赋能。

"**联投置业：**如何借助数字化平台，为项目管理提质提效、减压减负"的实战案例，就包含了这样的探索与实践。联投置业通过数字化项目管理平台进行系统性赋能，在岗位层实现精细管理，从源头提升质量；在项目层做好风险防控，为管理人员减负减压；在企业层实现高效协同，有力支撑跨部门、跨层级、跨参与方的系统性的透明可见及高效运转，不仅扭转了项目管理常常陷入的"四个滞后"及"扯皮救火"的被动局面，而且提升了客户体验及品牌美誉度。

第二是企业与客户的关系：从同质化到差异化领先。随着建筑行业高增长时代的结束，同质化竞争日趋激烈。建筑企业要想突破重围，必须坚定地选择数字化转型，构建新的数字化核心能力（比如基于BIM

的数字化精益建造），打造差异化领先优势，为客户创造更大价值。凭借强大的数字化硬实力，即便是中小民营建筑企业，也有机会赢得客户尊敬，让客户主动找你，"站着把钱挣了"。

瑞森新建筑就是这样一家在数字化转型方面布局早、钻研深、实力强的中小民营建筑企业。它在发展模式上坚持高质量发展，把数字化转型作为核心战略，聚焦数字化核心能力建设，已全面实现了工序级和项目层的数字化。该公司"如何凭借数字化精益建造创下'三个世界第一'"的实战案例，就是其超强数字化硬实力的集中展现。

第三是企业与上下游的关系：从零和博弈到合作式共赢。 在建筑行业的传统模式中，设计、采购、施工、交付阶段相对割裂，各参与方往往各自为战。这样零和博弈的生产关系，严重影响了建筑项目的整体效益，制约了建筑行业的高质量发展。数字化加持下的 IPD 模式，通过构建"风险共担、价值共创、利益共享"生态合作伙伴关系，能把各参与方拧成一股绳，激发大家"心往一处想，劲往一处使"，从整体项目的角度，做到收益最大化和浪费最小化，确保每个项目都成功，确保每个参与方都能实现合作式共赢。

广联达西安研发中心项目就是在广联达二次创业、致力"打造数字建筑平台，成为全球数字建筑平台服务商领导者、建筑行业数字化转型的使能者"的大背景下，选择躬身入局，拿自己练手的实例。广联达与**瑞森新建筑**和**华汇工程设计集团**携手共创，以新的数字化生产力（以数字建筑平台为支撑的数字化精益建造）及新的生产关系（IPD 模式），完成了数字建筑的数字建造。

在推动组织升级的过程中，建筑企业领导者要重点把握**"三个有利于"**。

一是有利于"赋能一线"。数字化转型不能"自嗨",既不能为技术而技术,更不能只做表面功夫。数字化转型一定要有利于赋能一线,切实帮助岗位层作业人员解决业务难点,在岗位层实现系统性的精细管理,提质提效,缩小作业环节方差,减少后期遗留问题;帮助项目层管理人员解决管理痛点,在项目层实现系统性的前瞻优化,减压减负,扭转项目管理总是陷入的扯皮救火的被动局面。

对此,企业领导者要高度重视,除了听汇报,还要深入一线,亲眼观察,亲耳倾听,亲身体验:看看一线用不用得上,听听一线爱不爱用,问问自己感觉好不好用。

汇报得再好,一线不用,结果还是零。

二是有利于"提升竞争力"。数字化转型必须系统性提升企业对当期经营的掌控力和对制胜未来的拓展力,必须能帮助企业构建新的数字化核心能力,打造差异化领先优势,有利于提升竞争力。这里的关键在于,不能只是自己跟自己比,不能总是轻易满足于相比"自己的过去"取得了多大的进步。

面向未来,随着建筑行业数字化转型升级的持续推进,必将会有更多的建筑企业,能站在数字化巨人的肩膀上,以更优的建筑质量、更高的施工精度、更高的运营效率、更强的专业能力,在更高的水平上展开对决。要想成为数字化建筑行业的龙头,必须跳出"跟自己的过去比"的舒适区,必须有胆量跟行业未来的全球领先水平比。

对此,企业领导者要保持警惕,一定要高标准、严要求,持续推动组织进化,真正构建出能帮助企业制胜未来的差异化竞争优势。

三是有利于"高质量发展"。数字化转型绝不会一帆风顺,必定会遭遇波折，遭遇质疑，这些质疑大都出于好意，个别出于维护私利的考虑，更多的是出于面对未知的恐惧。这就要求推动数字化转型的企业领导者拥有极强的内心的力量。

内心的力量从哪里来呢？来源于建筑企业领导者心中清醒的认知：粗放式的传统模式早已不可持续，建筑行业必须转向绿色化、工业化、数字化"三化融合的高质量发展"。如果数字化转型有利于高质量发展的总体战略目标，就要坚定不移，百折不挠。

企业领导者要对数字化转型过程中可能遭遇的各种艰难险阻做好充分的心理准备。正如美的集团董事长兼总裁方洪波所言："如果一把手不推，永远推不动；一把手想推，再大的困难也会解决。有时候，一口气突破了、顶住了，可能就是一片新的天地。"

****

希望本书能帮助你秉承**"系统性数字化"**的核心理念，抓住两个本质（建筑行业的本质、数字化的本质），参考三步走的模式（业务数字化—管理数字化—能力数字化），做好三件事（认知升级、业务升级、组织升级），系统性引领数字化转型，破解"黑盒子"，构建"数立方"，打造出透明、高效、持续进化的"数字化建筑企业"（见图 S-1）；在转型过程的千锤百炼中，实现自我升级，成为当今时代最需要的，能带领企业制胜未来、实现高质量发展的，助力数字中国建设的"数字化领导者"。

建筑行业是人类最古老的传统行业之一，历经数千年，仍然是事关国计民生、历史传承的支柱型行业：不仅行业规模大、从业人员多，而且社会责任大，承载着人民的工作与生活，承载着人类的历史与文明。

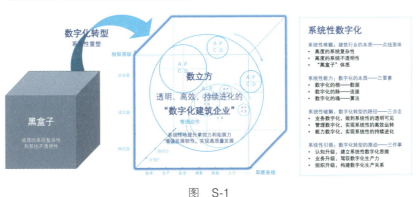

图 S-1

直面现状，身处数字时代的建筑行业目前的发展水平还比较落后：工业化尚未完成、数字化刚刚起步，行业利润水平低，人才吸引力低，整体竞争力相当堪忧。

放眼未来，无论是人民对美好生活的热切向往，还是国家对"双碳"目标的庄严承诺，对建设"数字中国"、实现"高质量发展"的坚定决心，都对建筑行业提出了更高的要求，建筑行业亟须转型升级。

数字化不是时代的挑战，而是时代给予我们这一代建筑人的**历史机遇**。唯有主动拥抱数字化，才能抢占先机，赢得胜利。

数字化转型不是可为可不为的选择，而是时代赋予我们这一代建筑人的**历史使命**。我辈义不容辞，责无旁贷。

人生能有几回搏！愿你我牢记使命，把握机遇，相伴探索，携手共创，一起制胜未来。